Die sog. „Griechische Aufklärung“

Textsammlung
zusammengestellt und bearbeitet
von
Günter Heil

Die Kyniker – eine antike Protestbewegung

Textsammlung
zusammengestellt und bearbeitet
von
Klaus Döring

Ernst Klett Verlag

Zur vorliegenden Textsammlung sind im Heft **6/1985 (Jg. XXVIII)** des **Altsprachlichen Unterrichts** die Aufsätze ‚Die sog. Griechische Aufklärung' von Günter Heil und ‚Die Kyniker – eine antike Protestbewegung' von Klaus Döring erschienen. Sie führen in den jeweiligen Gesamtzusammenhang und in die Einzeltexte ein.

Die **Abbildung auf der Umschlagseite** zeigt den Bronzekopf eines Philosophen aus der Mitte des 3. Jh. v. Chr., der einer lebensgroßen Statue zugehörte. Das Bildnis kann keinem bestimmten Philosophen zugesprochen werden; daß es sich um eine Philosophenstatue handeln muß, ergibt sich aus mitgefundenen Fragmenten der Bronzeplastik (erhobener rechter Arm, die linke Hand trug einen Stock u.a.). In dem Dargestellten wurde oft ein Kyniker gesehen, doch ist diese Zuordnung zweifelhaft.

ISBN 3-12-660100-6

1. Auflage 1 5 4 3 2 1 | 1990 89 88 87 86

Alle Drucke dieser Auflage können im Unterricht nebeneinander benutzt werden, sie sind untereinander unverändert. Die letzte Zahl bezeichnet das Jahr dieses Druckes.

Die sogenannte „Griechische Aufklärung"

Textsammlung
zusammengestellt und bearbeitet von Günter Heil

Antiphon

Über die Person des Verfassers – er trägt einen häufiger vorkommenden Namen – herrscht Unklarheit. Er lebte wohl in der Zeit um 400 v. Chr. Der Text stammt aus dem Buch „Περὶ ἀληθείας", von dem in Ägypten Fragmente (Papyrusfetzen) gefunden worden sind.

T 1 . . . δικαιοσύνη οὖν
τὰ τῆς πόλεως νόμιμα, ἐν ᾗ ἂν πολιτεύηταί τις,
μὴ παραβαίνειν.
χρῷτ' ἂν οὖν ἄνθρωπος μαλίστα ἑαυτῷ ξυμφερόντως
δικαιοσύνῃ,
εἰ μετὰ μὲν μαρτύρων τοὺς νόμους μεγάλους ἄγοι,
μονούμενος δὲ μαρτύρων τὰ τῆς φύσεως.
Τὰ μὲν γὰρ τῶν νόμων ἐπίθετα,
τὰ δὲ τῆς φύσεως ἀναγκαῖα.
Καὶ τὰ μὲν τῶν νόμων ὁμολογηθέντα οὐ φύντ' ἐστι,
τὰ δὲ τῆς φύσεως φύντα οὐχ ὁμολογηθέντα.
Τὰ οὖν νόμιμα παραβαίνων
εἰὰν λάθῃ τοὺς ὁμολογήσαντας,
καὶ αἰσχύνης καὶ ζημίας ἀπήλλακται.
Τῶν δὲ τῇ φύσει ξυμφύτων
ἐάν τι παρὰ τὸ δυνατὸν βιάζηται,
ἐάν τε πάντας ἀνθρώπους λάθῃ,
οὐδὲν ἔλαττον τὸ κακόν,
ἐάν τε πάντες ἴδωσιν,
οὐδὲν μεῖζον.
Οὐ γὰρ διὰ δόξαν βλάπτεται
ἀλλὰ δι' ἀλήθειαν.
Ἔστι δὲ πάντως τῶνδε ἕνεκα τούτων ἡ σκέψις,
ὅτι τὰ πολλὰ τῶν κατὰ νόμον δικαίων
πολεμίως τῇ φύσει κεῖται.

(6) νόμους μεγάλους ἄγειν die Gesetze hochhalten **(7)** μονόω (*vgl.* μόνος) allein lassen **(8)** ἐπίθετος aufgesetzt, künstlich auferlegt

(15) ξύμφυτος angeboren; τὰ τῇ φύσει ξύμφυτα das Naturgegebene

(23) ἡ σκέψις kritische Betrachtung

Νονομοθέτηται γάρ
ἐπί τε τοῖς ὀφθαλμοῖς,
ἅ δεῖ αὐτοὺς ὁρᾶν καὶ ἃ οὐ δεῖ,
καὶ ἐπὶ τοῖς ὠσίν,
ἃ δεῖ αὐτὰ ἀκούειν καὶ ἃ οὐ δεῖ,
καὶ ἐπὶ τῇ γλώττῃ,
ἅ τε δεῖ αὐτὴν λέγειν καὶ ἃ οὐ δεῖ,
καὶ ἐπὶ ταῖς χερσίν,
ἅ τε δεῖ αὐτὰς δρᾶν καὶ ἃ οὐ δεῖ,
καὶ ἐπὶ τοῖς ποσὶν,
ἐφ' ἅ τε δεῖ αὐτοὺς ἰέναι καὶ ἐφ' ἃ οὐ δεῖ,
καὶ ἐπὶ τῷ νῷ,
ὧν τε δεῖ αὐτὸν ἐπιθυμεῖν καὶ ὧν μή.
Οὐ μὲν οὖν οὐδὲν τῇ φύσει φιλιώτερα οὐδ' οἰκειότερα,
ἀφ' ὧν οἱ νόμοι ἀποτρέπουσιν τοὺς ἀνθρώπους
ἢ ἐφ' ἃ προτρέπουσιν.
Τὸ δ' αὖ ζῆν ἐστι τῆς φύσεως καὶ τὸ ἀποθανεῖν,
καὶ τὸ μὲν ζῆν αὐτοῖς ἐστιν ἀπὸ τῶν ξυμφερόντων,
τὸ δὲ ἀποθανεῖν ἀπὸ τῶν μὴ ξυμφερόντων.

(26) νομοθετέω gesetzlich festlegen

T 2 Τοὺς ἐκ καλῶν πατέρων
ἐπαιδούμεθά τε καὶ σεβόμεθα,
τοὺς δὲ ἐκ μὴ καλοῦ οἴκου ὄντας
οὔτε ἐπαιδούμεθα οὔτε σεβόμεθα.
Ἐν τούτῳ δὲ πρὸς ἀλλήλους βεβαρβαρώμεθα,
ἐπεὶ φύσει πάντα πάντες ὁμοίως πεφύκαμεν
καὶ βάρβαροι καὶ Ἕλληνες εἶναι.
Σκοπεῖν δὲ παρέχει
τὰ τῶν φύσει ὄντων ἀναγκαίων πάντων ἀνθρώποις.
Πορίσαι τε κατὰ ταὐτὰ δυνατὰ πᾶσι
καὶ ἐν πᾶσι τούτοις
οὔτε βάρβαρος ἀφώρισται ἡμῶν
οὔτε Ἕλλην.
Ἀναπνέομέν τε γὰρ εἰς τὸν ἀέρα ἅπαντες
κατὰ τὸ στόμα καὶ κατὰ τὰς ῥῖνας
καὶ ἐσθίομεν χερσὶν ἅπαντες.

(2) ἐπ|αιδέομαι mit Respekt betrachten

(5) βαρβαρόω zum Barbaren machen

(8) σκοπεῖν παρέχει (dieses) zu prüfen ermöglicht **(9)** τὰ τῶν ... ἀναγκαίων πάντων das, was alles zum Notwendigen gehört **(10)** δυνατὰ (ἐστιν) *erg.* τὰ ἀναγκαῖα • **(12)** ἀφ|ορίζω abgrenzen

(14) ἀνα|πνέω Atem holen, atmen • ὁ ἀήρ Luft

Hippias (nach Platon)

Hippias von Elis lebte Ende des 5. Jahrhunderts v. Chr. Er war auf vielen Wissensgebieten sachkundig, aber auch geschickt in praktischen Dingen. Angeblich konnte er sich seine Schuhe und Kleider selbst herstellen. Er tritt hier in Platons Dialog „Protagoras" als Schlichter eines Streites auf. Protagoras will seinen Standpunkt in einer längeren Rede darstellen, Sokrates besteht auf dem Frage-Antwort-Prinzip. Die Szene spielt sich im Hause eines vornehmen, philosophisch interessierten Athener Aristokraten ab.

T 3 Ἱππίας ὁ σοφὸς εἶπεν:
Ὦ ἄνδρες οἱ παρόντες,
ἡγοῦμαι ἐγὼ
ὑμᾶς συγγενεῖς τε καὶ οἰκείους καὶ πολίτας ἅπαντας εἶναι
φύσει, οὐ νόμῳ.
Τὸ γὰρ ὅμοιον τῷ ὁμοίῳ φύσει συγγενές ἐστιν,
ὁ δὲ νόμος τύραννος τῶν ἀνθρώπων
πολλὰ παρὰ τὴν φύσιν βιάζεται.
Ὑμᾶς οὖν αἰσχρὸν
τὴν μὲν φύσιν τῶν πραγμάτων εἰδέναι,
σοφωτάτους δὲ ὄντας τῶν Ἑλλήνων
καὶ κατ᾽ αὐτὸ τοῦτο νῦν συνεληλυθότας
τῆς τε Ἑλλάδος εἰς αὐτὸ τὸ πρυτανεῖον τῆς σοφίας
καὶ αὐτῆς τῆς πόλεως εἰς τὸν μέγιστον καὶ ὀλβιώτατον
οἶκον τόνδε
μηδὲν τούτου τοῦ ἀξιώματος ἄξιον ἀποφήνασθαι,
ἀλλ᾽ ὥσπερ τοὺς φαυλοτάτους τῶν ἀνθρώπων
διαφέρεσθαι ἀλλήλοις.

(13) τὸ πρυτανεῖον Amtsgebäude der Prytanen, *des Exekutivausschusses der 50 von 500 Ratsherren, der jeweils ein Zehntel des Jahres die Regierungsgeschäfte führt* • **(14)** ὄλβιος reich, glücklich • **(16)** τὸ ἀξίωμα Würde

Euripides

(ca. 480–406 v. Chr.) ist einer der drei großen Tragödiendichter im Athen des 5. Jahrhunderts v. Chr. In seinem Drama „Ion" bietet ein alter Diener der attischen Königin Kreüsa seine Hilfe bei der Beseitigung ihres vermeintlich untreuen Gatten und dessen unehelichen Sohnes an, weil er glaubt, die Ehre des Hauses retten zu müssen. Sein Angebot schließt mit folgenden Worten:

T 4 a ἓν γάρ τι τοῖς δούλοισιν αἰσχύνην φέρει·
τοὔνομα.τὰ δ᾽ ἄλλα πάντα τῶν ἐλευθέρων
οὐδὲν κακίων δοῦλος, ὅστις ἐσθλὸς ᾖ.

Denn eins nur bringt den Sklaven Schande ein: Der Name. Denn in jeder anderen Beziehung ist ein Sklave, wenn er edel ist, um nichts schlechter als die Freien.

In der 415 aufgeführten Tetralogie „Alexandros"-„Palamedes"-„Troerinnen"-Satyrspiel „Sisyphos" stellt Euripides durchweg die Position der Herrschenden und Sieger in Frage. Die folgenden Stellen stammen aus dem ersten Stück (erhalten sind nur Fragmente).
Die Königin Hekabe hatte einen Traum, der das durch ihren Neugeborenen Paris über Troia kommende Unheil weissagte. Daraufhin wurde Paris ausgesetzt. Statt den Tod zu finden, wächst er als

Hirtensklave namens Alexandros auf. Er kommt unerkannt zu den Sportwettkämpfen, die zum Gedächtnis des vermeintlich toten Paris stattfinden, nach Troia und besiegt seine Brüder Deiphobos und Hektor. Vor dem König Priamos kommt es zu einem Streitgespräch (ἀγὼν λόγων) des Deiphobos (der wie seine Schwester Kassandra die Sehergabe besitzt) oder der Hekabe (die durch ihren Traum und durch Kassandra gewarnt worden ist) einerseits und Alexandros andererseits über die Frage, ob man den Sieg des Unfreien über die Prinzen anerkennen solle. Dabei wird die Bedeutung der sozialen Herkunft für die öffentliche Anerkennung kontrovers diskutiert. Priamos will dem Alexandros den Siegespreis zuerkennen, Hekabe und Deiphobos sind dafür, ihn zu beseitigen.

Deiphobos oder (wahrscheinlicher) Hekabe kommentiert den Ausgang der Wettspiele so:

T 4 b (1)

κακόν τι παίδευμ' ἦν ἄρ' εἰς εὐανδρίαν
ὁ πλοῦτος ἀνθρώποισιν αἵ τ' ἄγαν τρυφαί.
Πενία δὲ δύστηνον μὲν, ἀλλ' ὅμως τρέφει
μοχθεῖν ἀμείνω τέκνα καὶ δραστήρια.

Ein schlechtes Erziehungsmittel zu edler Männlichkeit war also (wieder einmal) für die Menschen Reichtum und zu großer Luxus. Armut ist zwar etwas Erbärmliches, aber sie zieht trotzdem zu belastungsfähigeren und tatkräftigen Kindern heran.

(2)

ὅθεν δὲ νικᾶν χρῆν σε, δυστυχεῖς, ἄναξ.
ὅθεν δέ σε οὐ χρῆν, εὐτυχεῖς. Δούλοισι γὰρ
τοῖς σοῖς νικᾷς, τοῖς δ' ἐλευθέροισιν οὔ.

Von seiten derer, die Dir hätten Sieg bringen müssen, erfährst Du Mißgeschick, Herr. Mit denen Du nicht hättest siegen dürfen, hast Du Glück. Denn durch Deine Sklaven bist Du Sieger, nicht durch die Freien.

(3)

. . . δούλους γὰρ οὐ
καλὸν πεπᾶσθαι κρείσσονας τῶν δεσποτῶν

. . . denn Sklaven zu besitzen, die den Herren überlegen sind, ist nicht gut.

(4)

σοφὸς μὲν οὖν εἶ, Πρίαμ'. Ὅμως δέ σοι λέγω·
Δούλου φρονοῦντος μᾶλλον ἢ φρονεῖν χρέων
οὐκ ἔστιν ἄχθος μεῖζον οὐδὲ δώμασιν
κτῆσις κακίων οὐδ' ἀνωφελεστέρα.

Klug bist du allerdings, Priamos. Doch trotzdem sage ich Dir: Ein Sklave, der mehr denkt, als für ihn zu denken nötig ist – keine größere Belastung gibt es, für das Haus keinen übleren Besitz, keinen unnützeren.

(5)

ἤλεγχον· οὕτω γὰρ κακὸν δούλων γένος,
γαστὴρ ἅπαντα, τοὐπίσω δ' οὐδὲν σκοπεῖ.

Ich hab's geprüft. Denn so übel ist der Sklaven Geschlecht. Alles Bauch. Das, was danach kommt, sieht es nicht.

(6)

Alexandros:

Ἄναξ, διαβολαὶ δεινὸν ἀνθρώποις κακόν.
Ἀγλωσσίᾳ δὲ πολλάκις ληφθεὶς ἀνὴρ
δίκαια λέξας ἧσσον εὐγλώσσου φέρει.

Herr, ein gewaltiges Übel sind für Menschen Verleumdungen. Von Sprachlosigkeit erfaßt unterliegt oft ein Mann, obwohl er etwas Rechtes sagt, dem Sprachgewandten.

(7)

οἴμοι, θανοῦμαι διὰ τὸ χρήσιμον φρενῶν,
ἣ τοῖσιν ἄλλοις γίγνεται σωτηρία.

Weh, ich werde sterben wegen der Brauchbarkeit meiner Gedanken, die andern Rettung bedeutet.

(8)

(Sprecher ungewiß):

ἄδικον ὁ πλοῦτος, πολλὰ δ' οὐκ ὀρθῶς ποιεῖ.

etwas Ungerechtes ist der Reichtum. Vieles macht er nicht richtig.

(9)

. . . μισῶ σοφὸν
ὄντ' ἐν λόγοισιν, ἐς δ' ὄνησιν οὐ σοφόν.

. . . ich hasse den, der klug ist im Reden, aber nicht klug, wenn es um den Nutzen geht.

Ein Chor, aufgeteilt in zwei Halbchöre, einer bestehend aus Hirten, der andere aus Troianern, kommentiert den Disput:

(10)

Περισσόμυθος ὁ λόγος, εὐγένειαν εἰ
βρότειον εὐλογήσομεν.
Τὸ γὰρ πάλαι καὶ πρῶτον, ὅτ' ἐγενόμεθα
διὰ δ' ἔκρινεν ἁ τεκοῦσα γᾶ βροτούς,
ὁμοίαν χθὼν ἅπασιν ἐξεπαίδευσεν ὄψιν.
Ἴδιον οὐδὲν ἔσχομεν. Μία δὲ γονά
τὸ τ' εὐγενὲς καὶ τὸ δυσγενές.
Νόμῳ δὲ γαῦρον αὐτὸ κραινεῖ χρόνος.
Τὸ φρόνιμον εὐγένεια, καὶ τὸ συνετὸν
ὁ θεὸς δίδωσιν, οὐχ' ὁ πλοῦτος.

Übertriebenes Gerede ist die Behauptung, wenn wir behaupten, hohe Geburt
bei Sterblichen sei etwas Gutes.
Denn in Urzeiten und zuerst, als wir entstanden
und die Erde die Sterblichen, die sie geboren hatte, absonderte,
bildete die Erde bei allen ähnliches Aussehen aus.
Nichts Spezielles bekamen wir, sondern *eine* Nachkommenschaft
waren das Hoch- und das Niedriggeborene.
Erst durch Gewohnheit macht die Zeit das eine stolz.
Vernunft ist edle Herkunft, und Verstand
gibt Gott, nicht der Reichtum.

(11)

οὐκ ἔστιν ἐν κακοῖσιν εὐγένεια,
παρ' ἀγαθοῖσι δ' ἀνδρῶν

Edle Geburt gibt es nicht bei Schlechten, sondern nur bei guten Männern.

Priamos erteilt an die (Hirten-)sklaven den Tötungsbefehl.

(12)

Alexandros zu den Sklaven

Ὦ παγκάκιστοι, καὶ τὸ δοῦλον οὐ λόγῳ
ἔχοντες, ἀλλὰ τῇ τύχῃ κεκτημένοι.

Ihr Halunken, die ihr das Sklavenwesen nicht (einfach) dem Namen nach an euch habt, sondern durch eure Bestimmung angenommen habt.

Alexandros flieht zum Altar des Zeus, wo er nicht getötet werden kann. Er wird als Sohn des Priamos erkannt. Nun kann Priamos nicht mehr auf seiner Tötung bestehen. Andererseits hat er den Traum der Hekabe und die Prophezeiung der Kassandra vor Augen.

(13)

Priamos:

χρόνος δὲ δείξει (σ'), ᾧ τεκμηρίῳ μαθὼν
ἢ χρηστὸν ὄντα γνώσομαί σε (γ') ἢ κακόν.

Die Zeit wird zeigen, wer du bist. An diesem Zeichen (der Zeit) werde ich dich erkennen, ob du ein Nutzen oder Schaden für mich bist.

Sextus Empiricus

ΕΙ ΕΙΣΙ ΘΕΟΙ

Der Verfasser des folgenden Textes, Sextus Empiricus, lebte gegen Ende des 2. Jahrhunderts n. Chr. Er war Arzt und bekämpfte die mangelnde wissenschaftliche Fundierung der philosophischen Systeme und damit deren Ausschließlichkeitsanspruch. Das Kapitel stammt aus dem Werk „Gegen die Physiker", womit er diejenigen meint, die Physik in den Dienst der Theologie stellen.

T 5/6 (49) Ἐπεὶ οὐ πᾶν τὸ ἐπινοούμενον καὶ ὑπάρξεως μετείληφεν, ἀλλὰ δύναταί τι ἐπινοεῖσθαι μέν, μὴ ὑπάρχειν δέ, καθάπερ Ἱπποκένταυρος καὶ Σκύλλα, δεήσει μετὰ τὴν περὶ τῆς ἐπινοίας τῶν θεῶν ζήτησιν καὶ περὶ ὑπάρξεως τούτων σκέπτεσθαι. τάχα γὰρ ἀσφαλέστερος παρὰ τοὺς ὡς ἑτέρως φιλοσοφοῦντας εὑρεθήσεται ὁ σκεπτικός, κατὰ μὲν τὰ πάτρια ἔθη καὶ τοὺς νόμους λέγων εἶναι θεοὺς καὶ πᾶν τὸ εἰς τὴν τούτων θρησκείαν καὶ εὐσέβειαν συντεῖνον ποιῶν,

(§ 49) ἐπινοέω ausdenken • ἡ ὕπαρξις Existenz • μεταλαμβάνω Anteil bekommen • ὑπάρχω existieren • ἡ ἐπίνοια Gedanke, Vorstellung • ἡ ζήτησις Untersuchung • ὡς ἑτέρως anders • ὁ σκεπτικός Skeptiker *(philos. Richtung)* • ἡ θρησκεία kultische Verehrung • ἡ εὐσέβεια Frömmigkeit • συντείνω abzielen auf •

τὸ δ' ὅσον ἐπὶ τῇ φιλοσόφῳ ζητήσει μηδὲν προπετευόμενος.

(50) Τῶν οὖν περὶ ὑπάρξεως θεοῦ σκεψαμένων οἱ μὲν εἶναί φασι θεόν, οἱ δὲ μὴ εἶναι, οἱ δὲ μὴ μᾶλλον εἶναι ἢ μὴ εἶναι. (51) Καὶ εἶναι μὲν οἱ πλείους τῶν δογματικῶν καὶ ἡ κοινὴ τοῦ βίου πρόληψις, μὴ εἶναι δὲ οἱ ἐπικληθέντες ἄθεοι, καθάπερ Εὐήμερος

γέρων ἀλαζών, ἄδικα βιβλία ψήχων,

καὶ Διαγόρας ὁ Μήλιος καὶ Πρόδικος ὁ Κεῖος καὶ Θεόδωρος καὶ ἄλλοι παμπληθεῖς. ὧν Εὐήμερος μὲν ἔλεγε τοὺς νομιζομένους θεοὺς δυνατούς τινας γεγονέναι ἀνθρώπους καὶ διὰ τοῦτο ὑπὸ τῶν ἄλλων θεοποιηθέντας δόξαι θεούς, (52) Πρόδικος δὲ τὸ ὠφελοῦν τὸν βίον ὑπειλῆφθαι θεόν, ὡς ἥλιον καὶ σελήνην καὶ ποταμοὺς (καὶ λίμνας) καὶ λειμῶνας καὶ καρποὺς καὶ πᾶν τὸ τοιουτῶδες. (53) Διαγόρας δὲ ὁ Μήλιος, διθυραμβοποιός ὥς φασι, τὸ πρῶτον γενόμενος ὡς εἴ τις καὶ ἄλλος δεισιδαίμων, ὅς γε καὶ τῆς ποιήσεως ἑαυτοῦ κατήρξατο τὸν τρόπον τοῦτον „κατὰ δαίμονα καὶ τύχην πάντα τελεῖται". Ἀδικηθεὶς δὲ ὑπό τινος ἐπιορκήσαντος καὶ μηδὲν ἕνεκα τούτου παθόντος μεθηρμόσατο εἰς τὸ λέγειν μὴ εἶναι θεόν. (54) Καὶ Κριτίας δὲ εἷς τῶν ἐν Ἀθήναις τυραννησάντων δοκεῖ ἐκ τοῦ τάγματος τῶν ἀθέων ὑπάρχειν, φάμενος ὅτι οἱ παλαιοὶ νομοθέται ἐπίσκοπόν τινα τῶν ἀνθρωπίνων κατορθωμάτων καὶ ἁμαρτημάτων ἔπλασαν τὸν θεὸν ὑπὲρ τοῦ μηδένα λάθρᾳ τὸν πλησίον ἀδικεῖν, εὐλαβούμενον τὴν ὑπὸ τῶν θεῶν τιμωρίαν. ἔχει δὲ παρ' αὐτῷ τὸ ῥητὸν οὕτως·

προπετεύομαι übereilen

(§ 51) ὁ δογματικός der mit festen Grundüberzeugungen *(Gegenteil des Skeptikers)* • ἡ πρόληψις Vorurteil • ὁ ἀλαζών Angeber • ψήχω hinschmieren • παμπληθής sehr zahlreich • *Konstr.:* δυνατούς τινας καὶ διὰ τοῦτο θεοποιηθέντας ἄνδρας τοὺς νομιζομένους θεοὺς γεγονέναι καὶ δόξαι θεούς

(§ 52) ὁ λειμών Wiese • τοιουτώδης = τοιοῦτος

(§ 53) ὁ διθυραμβοποιός Dithyrambendichter • δεισιδαίμων göttergläubig • κατάρχομαί τινος mit etw. beginnen • ἐπιορκέω falsch schwören • μεθαρμόζω verwandeln

(§ 54) τὸ τάγμα Reihe • ὑπάρχειν = εἶναι • ὁ νομοθέτης Gesetzgeber • ὁ ἐπίσκοπος Aufseher • τὸ κατόρθωμα richtige Handlungsweise • πλάττω formen • λάθρᾳ *(Adv.)* heimlich • εὐλαβέομαί τι sich vor etw. in acht nehmen • τὸ ῥητόν das Besagte • ἔχει „liegt vor"

T 6

ἦν χρόνος ὅτ' ἦν ἄτακτος ἀνθρώπων βίος
καὶ θηριώδης ἰσχύος θ' ὑπηρέτης,
ὅτ' οὐδὲν ἆθλον οὔτε τοῖς ἐσθλοῖσιν ἦν
οὔτ' αὖ κόλασμα τοῖς κακοῖς ἐγίγνετο.
κἄπειτά μοι δοκοῦσιν ἄνθρωποι νόμους
θέσθαι κολαστάς, ἵνα δίκη τύραννος ᾖ
‹γένους βροτείου› τήν θ' ὕβριν δούλην ἔχῃ.
ἐζημιοῦτο δ' εἴ τις ἐξαμαρτάνοι.
ἔπειτ' ἐπειδὴ τἀμφανῆ μὲν οἱ νόμοι
ἀπεῖργον αὐτοὺς ἔργα μὴ πράσσειν βίᾳ,
λάθρᾳ δ' ἔπρασσον, τηνικαῦτά μοι δοκεῖ
‹πρῶτον› πυκνός τις καὶ σοφὸς γνώμην ἀνὴρ
‹θεῶν› δέος θνητοῖσιν ἐξευρεῖν, ὅπως
εἴη τι δεῖμα τοῖς κακοῖσι, κἂν λάθρᾳ
πράσσωσιν ἢ λέγωσιν ἢ φρονῶσί τι.

(3) ἐσθλός gut, edel
(7) βρότειος sterblich
(8) ἐξαμαρτάνω = ἁμαρτάνω
(9) ἐμφανής sichtbar
(10) ἀπείργω abhalten
(11) τηνικαῦτα zu dieser Zeit
(12) πυκνός schlau, verschlagen
(14) τὸ δεῖμα Abschreckung

ἐντεῦθεν οὖν τὸ θεῖον εἰσηγήσατο,
ὡς „Ἔστι δαίμων ἀφθίτῳ θάλλων βίῳ
νόῳ τ᾿ ἀκούων καὶ βλέπων, φρονῶν τ᾿ ἄγαν
προσέχων τε ταῦτα, καὶ φύσιν θείαν φορῶν,
ὅς πᾶν τὸ λεχθὲν ἐν βροτοῖς ἀκούσεται,
τὸ δρώμενον δὲ πᾶν ἰδεῖν δυνήσεται.
ἐὰν δὲ σὺν σιγῇ τι βουλεύῃς κακόν,
τοῦτ᾿ οὐχὶ λήσει τοὺς θεούς. τὸ γὰρ φρονοῦν
‹αὐτοῖς› ἔνεστι." τούσδε τοὺς λόγους λέγων
διδαγμάτων ἥδιστον εἰσηγήσατο,
ψευδεῖ καλύψας τὴν ἀλήθειαν λόγῳ.
ναίειν δ᾿ ἔφασκε τοὺς θεοὺς ἐνταῦθ᾿, ἵνα
μάλιστ᾿ ἂν ἐξέπληξεν ἀνθρώπους λέγων,
ὅθεν περ ἔγνω τοὺς φόβους ὄντας βροτοῖς
καὶ τὰς ὀνήσεις τῷ ταλαιπώρῳ βίῳ,
ἐκ τῆς ὕπερθε περιφορᾶς, ἵν᾿ ἀστραπὰς
κατεῖδεν οὔσας, δεινὰ δὲ κτυπήματα
βροντῆς τό τ᾿ ἀστερωπὸν οὐρανοῦ δέμας,
χρόνου καλὸν ποίκιλμα, τέκτονος σοφοῦ,
ὅθεν τε λαμπρὸς ἀστέρος στείχει μύδρος
ὅ θ᾿ ὑγρὸς εἰς γῆν ὄμβρος ἐκπορεύεται.
τοίους πέριξ ἔστησεν ἀνθρώποις φόβου
στοίχους, καλῶς τε τῷ λόγῳ κατῴκισεν
τὸν δαίμον᾿ οἰκεῖν ἐν πρέποντι χωρίῳ,
τὴν ἀνομίαν τε τοῖς νόμοις κατέσβεσεν.

καὶ ὀλίγα προσδιελθὼν ἐπιφέρει

οὕτω δὲ πρῶτον οἴομαι πεῖσαί τινα
θνητοὺς νομίζειν δαιμόνων εἶναι γένος.

(16) ἐντεῦθεν (von) daher
(17) ἄφθιτος unvergänglich • θάλλω blühen
(19) προσέχω beobachten • φορέω = φέρω
(20) βροτός sterblich
(25) τὸ δίδαγμα Lehre
(26) καλύπτω einhüllen
(27) ναίω wohnen • ἵνα wo
(28) ἐκπλήττω erschrecken
(30) ἡ ὄνησις Nutzen • ταλαίπωρος unglücklich **(31)** ὕπερθε oben • ἡ περιφορά das umlaufende Himmelsgewölbe • ἡ ἀστραπή Blitz **(32)** τὸ κτύπημα Schlag • ἡ βροντή Donner **(33)** ἀστερωπός gestirnt • τὸ δέμας Bau **(34)** τὸ ποίκιλμα abwechslungsreiches Zierwerk *(die Zeit zeigt sich in den Konstellationen des Himmels)* **(35)** ὁ ἀστήρ Gestirn *(die Sonne)* • στείχω daherkommen • ὁ μύδρος glühende Masse **(36)** ὁ ὄμβρος Regen **(37)** πέριξ ringsherum **(38)** ὁ στοῖχος Reihe • κατοικίζω ansiedeln **(40)** κατασβέννυμι auslöschen • προσδιέρχομαι fortfahren • ἐπιφέρω hinzufügen

(55) Συμφέρεται δὲ τούτοις τοῖς ἀνδράσι καὶ Θεόδωρος ὁ ἄθεος καὶ κατά τινας Πρωταγόρας ὁ Ἀβδηρίτης, ὁ μὲν διὰ τοῦ περὶ θεῶν συντάγματος τὰ παρὰ τοῖς Ἕλλησι θεολογούμενα ποικίλως ἀνασκευάσας, (56) ὁ δὲ Πρωταγόρας ῥητῶς που γράψας „περὶ δὲ θεῶν οὔτε εἰ εἰσὶν οὔθ᾿ ὁποῖοί τινές εἰσι δύναμαι λέγειν. πολλὰ γάρ ἐστι τὰ κωλύοντά με". Παρ᾿ ἣν αἰτίαν θάνατον αὐτοῦ καταψηφισαμένων τῶν Ἀθηναίων διαφυγὼν καὶ κατὰ θάλατταν πταίσας ἀπέθανεν. [...]

(§ 55) τὸ σύνταγμα Abhandlung • ποίκιλος mannigfaltig • ἀνα|σκευάζω abschaffen

(§ 56) ῥητῶς ausdrücklich • καταψηφίζομαι θανατόν τινος gegen jmd. durch Abstimmung die Todesstrafe aussprechen • πταίω Schiffbruch erleiden

(58) Καὶ Ἐπίκουρος δὲ κατ᾿ ἐνίους ὡς μὲν πρὸς τοὺς πολλοὺς ἀπολείπει θεόν, ὡς δὲ πρὸς τὴν φύσιν τῶν πραγμάτων οὐδαμῶς. (59) Οὐ μᾶλλον δὲ εἶναι ἢ μὴ εἶναι θεοὺς διὰ τὴν τῶν ἀντικειμένων λόγων ἰσοσθένειαν ἔλεξαν οἱ ἀπὸ τῆς σκέψεως. Καὶ τοῦτο

(§ 58) ἀπολείπω sein, *d. h.* gelten lassen **(§ 59)** ἀντίκειμαι entgegengesetzt sein • ἡ ἰσοσθένεια Gleichgewichtigkeit • ἡ σκέψις „die Skepsis", *die philosoph. Richtung der Skeptiker* •

εἰσόμεθα ἑκατέρωθεν τὰ ἐπιχειρούμενα συντόμως ἐπιδραμόντες.

(60) Οἱ τοίνυν θεοὺς ἀξιοῦντες εἶναι πειρῶνται τὸ προκείμενον κατασκευάζειν ἐκ τεσσάρων τρόπων, ἑνὸς μὲν τῆς παρὰ πᾶσιν ἀνθρώποις συμφωνίας, δευτέρου δὲ τῆς κοσμικῆς διατάξεως, τρίτου δὲ τῶν ἀκολουθούντων ἀτόπων τοῖς ἀναιροῦσι τὸ θεῖον, τετάρτου δὲ καὶ τελευταίου τῆς τῶν ἀντιπιπτόντων λόγων ὑπεξαιρέσεως. ἀλλ' ἀπὸ μὲν τῆς κοινῆς ἐννοίας λέγοντες ὡς ἅπαντες ἄνθρωποι σχεδὸν Ἕλληνές τε καὶ βάρβαροι νομίζουσιν εἶναι τὸ θεῖον, καὶ διὰ τοῦτο συμφώνως μὲν θύουσί τε καὶ εὔχονται καὶ τεμένη θεῶν ἀνιστῶσιν, ἄλλοι δὲ ἄλλως.

ἑκατέρωθεν von beiden Seiten • συντόμως in geraffter Form • ἐπιτρέχω angehen
(§ 60) κατασκευάζω anstellen, zustande bringen • ἡ συμφωνία Übereinstimmung • ἡ διάταξις Anordnung • ἀντιπίπτω widerstreiten • ἡ ὑπεξαίρεσις Beseitigung • ἡ κοινὴ ἔννοια allgemein akzeptierter Gedanke • λέγοντες *abh. von* πειρῶνται κατασκευάζειν

Xenophanes

lebte von ca. 580 v. Chr. bis nach 480, als Philosoph und Kritiker. Er bediente sich der seit Homer und Hesiod für Äußerungen über Grundsatzfragen und das Weltgeschehen üblichen Dichtung in Hexametern.

T 7 (1)

πάντα θεοῖς ἀνέθηκαν Ὅμηρός τ' Ἡσίοδός τε,
ὅσσα παρ' ἀνθρώποισιν ὀνείδεα καὶ ψόγος ἐστίν,
κλέπτειν μοιχεύειν τε καὶ ἀλλήλους ἀπατεύειν.

(2)

ἀλλ' οἱ βροτοὶ δοκέουσι γεννᾶσθαι θεούς,
τὴν σφετέρην δ' ἐσθῆτα ἔχειν φωνήν τε δέμας τε

iamb. Trim. + daktyl. Hexam. • βροτός Sterblicher • δοκέω meinen, wähnen • τὸ δέμας Gestalt

(3)

ἀλλ' εἰ χεῖρας ἔχον βόες ‹ἵπποι τ'› ἠὲ λέοντες
ἢ γράψαι χείρεσσι καὶ ἔργα τελεῖν ἅπερ ἄνδρες,
ἵπποι μέν θ' ἵπποισι βόες δέ τε βουσὶν ὁμοίας
καὶ ‹κε› θεῶν ἰδέας ἔγραφον καὶ σώματ' ἐποίουν
τοιαῦθ', οἷόν περ καὐτοὶ δέμας εἶχον ‹ἕκαστοι›.

κε = ἄν

(4)

Αἰθίοπές τε θεοὺς σφετέρους σιμοὺς μέλανάς τε
Θρῇκές τε γλαυκοὺς καὶ πυρρούς ‹φασι πέλεσθαι›

σιμός plattnasig • πυρρός rotblond • πέλομαι = εἶναι

(5)

εἷς θεός, ἔν τε θεοῖσι καὶ ἀνθρώποισι μέγιστος,
οὔτι δέμας θνητοῖσιν ὁμοίιος οὐδὲ νόημα.

(6)

οὖλος ὁρᾷ, οὖλος δὲ νοεῖ, οὖλος δὲ ἀκούει

οὖλος = ὅλος

(7)
ἀλλ᾽ ἀπάνευθε πόνοιο νόου φρενὶ πάντα κραδαίνει — κραδαίνω erbeben lassen

(8)
αἰεὶ δ᾽ ἐν ταὐτῷ μίμνει κινούμενος οὐδέν
οὐδὲ μετέρχεσθαί μιν ἐπιπρέπει ἄλλοτε ἄλλῃ — μιν = αὐτόν

Diogenes Laertios: Über Protagoras

Der Bericht stammt aus den „βίοι καὶ γνῶμαι τῶν ἐν φιλοσοφίᾳ εὐδοκιμησάντων" des Diogenes von Laerte in Kilikien, 1. Hälfte des 3. Jh. n. Chr., der wichtigsten erhaltenen Philosophiegeschichte des Altertums. Sein Material bezog Diogenes Laertius aus einer reichen biographischen und doxographischen Literatur, die uns verloren ist.

T 8 Πρῶτος ἔφη δύο λόγους εἶναι περὶ παντὸς πράγματος ἀντικειμένους ἀλλήλοις, οἷς καὶ συνηρώτα, πρῶτος τοῦτο πράξας. Ἀλλὰ καὶ ἤρξατό που* τοῦτον τὸν τρόπον „πάντων χρημάτων μέτρον ἐστὶν ἄνθρωπος, τῶν μὲν ὄντων ὡς ἔστιν, τῶν δὲ οὐκ ὄντων ὡς οὐκ ἔστιν." Ἔλεγέ τε μηδὲν εἶναι ψυχὴν παρὰ τὰς αἰσθήσεις . . . καὶ πάντα εἶναι ἀληθῆ. Καὶ ἀλλαχοῦ** δὲ τοῦτον ἤρξατο τὸν τρόπον „Περὶ μὲν θεῶν οὐκ ἔχω εἰδέναι, οὐθ᾽ ὡς εἰσὶν οὐθ᾽ ὡς οὐκ εἰσὶν οὐθ᾽ ὁποῖοί τινες ἰδέαν. Πολλὰ γὰρ τὰ κωλύοντα εἰδέναι, ἥ τ᾽ ἀδηλότης καὶ βραχὺς ὢν ὁ βίος τοῦ ἀνθρώπου". Διὰ ταύτην τὴν ἀρχὴν τοῦ συγγράμματος ἐξεβλήθη πρὸς Ἀθηναίων, καὶ τὰ βίβλια αὐτοῦ κατέκαυσαν ἐν τῇ ἀγορᾷ ὑπὸ κήρυκι ἀναλεξάμενοι παρ᾽ ἑκάστου τῶν κεκτημένων.

συνερωτάω ein Argument durch eine Serie von Fragen vorführen

Οὗτος πρῶτος μισθὸν εἰσεπράξατο μνᾶς ἑκατὸν καὶ πρῶτος μέρη χρόνου διώρισε καὶ καιροῦ δύναμιν ἐξέθετο καὶ λόγων ἀγῶνας ἐποιήσατο καὶ σοφίσματα τοῖς πραγματολογοῦσι προσήγαγε καὶ τὴν διάνοιαν ἀφεὶς πρὸς τοὔνομα διελέχθη καὶ τὸ νῦν ἐπιπόλαιον γένος τῶν ἐριστικῶν ἐγέννησεν. οὗτος καὶ τὸ Σωκρατικὸν εἶδος τῶν λόγων πρῶτος ἐκίνησε . . . καὶ πρῶτος κατέδειξε τὰς πρὸς τὰς θέσεις ἐπιχειρήσεις. Φησὶ δὲ Φιλόχωρος πλέοντος αὐτοῦ εἰς Σικελίαν τὴν ναῦν καταποντωθῆναι.

μέρη χρόνου Zeiteinteilung (die grammatischen tempora?) • καιρός richtiger Zeitpunkt *für den Einsatz rhetorischer Mittel* • σόφισμα Kunstgriff • πραγματολογέω zu einer Sache sprechen • διάνοια Wortsinn *im Normalgebrauch oder im Kontext* • ὄνομα das reine Wort *ohne Bezug zum Kontext* • ἐπιπόλαιος oberflächlich die Szene beherrschend • ἐριστικός Debattierkünstler • κινέω erschüttern • ἐπιχείρησις Angriff(smethode) • καταποντοῦσθαι untergehen

* in seinem Hauptwerk „Καταβάλλοντες λόγοι" („Umwerfende Reden") oder „Ἀλήθεια" („Wahrheit")
** in „Περὶ θεῶν"

ΔΙΣΣΟΙ ΛΟΓΟΙ

Die Abhandlung mit diesem Titel wurde von einem uns nicht bekannten Studenten, so würden wir heute sagen, in dorischer Sprache verfaßt. (Der hier ausgewählte Text wurde ins Attische übersetzt.) Ihr Inhalt: I (1–4) über ἀγαθόν und κακόν, καλόν und αἰσχρόν, δίκαιον und ἄδικον, ἀληθές und ψεῦδος; II (5–7) Bekämpfung des Satzes, a) daß σοφία und ἀμαθία dasselbe seien, b) daß σοφία und ἀρετή nicht lehrbar seien, c) daß Besetzung der Ämter durch Losverfahren optimal sei; III (8–9) Darlegung der Aufgaben des wahren Rhetors, Preis der Mnemotechnik. Das Werk ist wohl nicht abgeschlossen.

T 9 Δισσοὶ δὲ λόγοι λέγονται καὶ **περὶ τοῦ δικαίου καὶ τοῦ ἀδίκου.**

Καὶ οἱ μὲν ἄλλο εἶναι τὸ δίκαιον, ἄλλο δὲ τὸ ἄδικον, οἱ δὲ ταὐτὸ δίκαιον καὶ ἄδικον.

Καὶ ἐγὼ τούτῳ πειράσομαι τιμωρεῖν καὶ πρῶτον μὲν ψεύδεσθαι ὡς δίκαιόν ἐστι λέξω καὶ ἐξαπατᾶν·

Τοὺς μὲν πολεμίους ταῦτα ποιεῖν καλὸν καὶ δίκαιον, τοὺς δὲ φίλους αἰσχρὸν καὶ πονηρὸν ἂν ἐξείποιεν. Πῶς δὲ τοὺς πολεμίους, τοὺς δὲ φιλτάτους οὔ; Αὐτίκα τοὺς γονέας· εἰ γὰρ δέοι τὸν πατέρα ἢ τὴν μητέρα φάρμακον πιεῖν ἢ φαγεῖν καὶ μὴ θέλοι, οὐ δίκαιόν ἐστι καὶ ἐν τῷ ῥοφήματι καὶ ἐν τῷ ποτῷ δοῦναι καὶ μὴ φάναι ἐνεῖναι; Οὐκοῦν ‹δίκαιον› ἤδη ψεύδεσθαι καὶ ἐξαπατᾶν τοὺς γονέας.

Καὶ κλέπτειν μὴν τὰ τῶν φίλων καὶ βιᾶσθαι τοὺς φιλτάτους δίκαιον.

Αὐτίκα εἴ τις λυπηθείς τι τῶν οἰκείων καὶ ἀχθεσθεὶς μέλλοι αὐτὸν διαφθείρειν ἢ ξίφῳ ἢ σχοινίῳ ἢ ἄλλῳ τινί, δίκαιόν ἐστι ταῦτα κλέψαι, εἰ δύναιτο, εἰ δὲ ὑστερίσαι καὶ ἔχοντα καταλάβοι, ἀφελέσθαι βίᾳ.

Ἀνδραποδίσασθαι δὲ πῶς οὐ δίκαιον τοὺς πολεμίους (καὶ) εἴ τις δύναιτο ἑλὼν πόλιν ὅλην ἀποδόσθαι;

Τοιχωρυχεῖν δὲ τὰ τῶν πολιτῶν κοινὰ οἰκήματα δίκαιον φαίνεται· Εἰ γὰρ ὁ πατὴρ ἐπὶ θανάτῳ κατεστασιασμένος ὑπὸ τῶν ἐχθρῶν δεδεμένος εἴη, ἆρα οὐ δίκαιον διορύξαντα κλέψαι καὶ σῶσαι τὸν πατέρα;

Ἐπιορκεῖν δέ· Εἴ τις ὑπὸ τῶν πολεμίων ληφθεὶς ὑποδέξαιτο ὀμνύων ἦ μὴν ἀφεθεὶς τὴν πόλιν προδώσειν, ἆρα οὗτος δίκαια ἂν ποιήσαι εὐορκήσας; Ἐγὼ μὲν γὰρ οὐ δοκῶ, ἀλλὰ μᾶλλον τὴν πόλιν καὶ τοὺς φίλους καὶ τὰ ἱερὰ σῶσαι ἂν τὰ πατρῷα ἐπιορκήσας. Ἤδη ἄρα δίκαιον καὶ τὸ ἐπιορκεῖν.

Καὶ τὸ ἱεροσυλεῖν· Τὰ μὲν ἴδια τῶν πόλεων ἐῶ. Τὰ δὲ κοινὰ τῆς Ἑλλάδος, τὰ ἐκ Δελφῶν καὶ τὰ ἐξ Ὀλυμπίας, μέλλοντος τοῦ βαρβάρου τὴν Ἑλλάδα λαβεῖν καὶ τῆς

(1) δισσός zwiefach, zweideutig

(5) τιμωρέω Geltung verschaffen

(8) ἐξ|ειπεῖν ohne Umstände sagen **(9)** αὐτίκα (um) sofort (ein Beispiel anzuführen)

(12) τὸ ῥόφημα Brei

(15) βιᾶσθαι = βιάζεσθαι

(18) τὸ ξίφος Schwert • τὸ σχοίνιον Strick **(19)** ὑστερίζω zu spät kommen

(21) ἀνδραποδίζομαι zum Sklaven machen **(22)** ἀπο|δίδομαι verkaufen

(23) τοιχ|ωρυχέω die Mauer durchbrechen **(24)** κατα|στασιάζω in Parteiunruhen bekämpfen **(26)** δι|ορύττω (die Mauer) durchbrechen

(27) ἐπι|ορκέω den Eid brechen

(29) εὐ|ορκέω den Eid halten

(33) ἱερο|συλέω Tempelraub begehen

σωτηρίας ἐν χρήμασιν οὔσης οὐ δίκαιον λαβεῖν καὶ χρῆσθαι εἰς τὸν πόλεμον;

Φονεύειν δὲ τοὺς φιλτάτους δίκαιον, ἐπεὶ καὶ Ὀρέστης καὶ Ἀλκμαίων, καὶ ὁ θεὸς ἔχρησε δίκαια αὐτοὺς ποιῆσαι.

Ἐπὶ δὲ τὰς τέχνας τρέψομαι καὶ τὰ τῶν ποιητῶν. Ἐν γὰρ τραγῳδοποιίᾳ καὶ ζωγραφίᾳ ὅστις ἂν πλεῖστα ἐξαπατᾷ ὅμοια τοῖς ἀληθινοῖς ποιῶν, οὗτος ἄριστος. Θέλω δὲ καὶ ποιημάτων παλαιοτέρων μαρτύριον ἐπαγέσθαι· Κλεοβούλης ἦν πάλαι ταῦτα·

„ἄνδρ᾽ εἶδον κλέπτοντα καὶ ἐξαπατῶντα βιαίως
καὶ τὸ βίᾳ ῥέξαι τοῦτο δικαιότατον."

Αἰσχύλου δὲ ταῦτα

„ἀπάτης δικαίας οὐκ ἀποστατεῖ θεός"

καὶ „ψευδῶν δὲ καιρὸν ἔσθ᾽ ὅπου τιμᾷ θεός."

Λέγεται δὲ καὶ τῷδε ἀντίος λόγος, ὡς ἄλλο τὸ δίκαιον καὶ τὸ ἄδικόν ἐστιν, διαφέρον ὥσπερ καὶ τὸ ὄνομα οὕτω καὶ τὸ πρᾶγμα. Ἐπεὶ εἴ τις ἐρωτήσαι τοὺς λέγοντας, ὡς τὸ αὐτό ἐστιν ἄδικον καὶ δίκαιον, εἰ ἤδη τι δίκαιον περὶ τοὺς γονέας ἔπραξαν, ὁμολογήσουσιν. Καὶ ἄδικον ἄρα. Τὸ γὰρ αὐτὸ ἄδικον καὶ δίκαιον ὁμολογοῦσιν εἶναι.

Φέρε ἄλλο δή. Εἴ τινα γιγνώσκεις δίκαιον ἄνδρα, καὶ ἄδικον ἄρα τὸν αὐτόν, καὶ μέγαν τοίνυν καὶ μικρὸν κατὰ ταὐτόν. Καὶ (εἰ) λέγοιτο „πολλὰ ἀδικήσας ἀποθανέτω", ἀποθανέτω καὶ πολλὰ καὶ δίκαια διαπραξάμενος.

Καὶ περὶ τούτων ἅλις. Εἶμι δὲ ἐφ᾽ ἃ λέγοντες ἀξιοῦσι τὸ μὲν αὐτὸ καὶ δίκαιον καὶ ἄδικον ἀποδεικνύειν.* Τὸ γὰρ κλέπτειν τὰ τῶν πολεμίων δίκαιον καὶ ἄδικον ἀποδεικνύειν, τοῦτο ταὐτό, ἐὰν ἀληθὴς ὁ ἐκείνων λόγος, καὶ τἆλλα καταὐτό. Τέχνας δὲ ἐπάγονται, ἐν αἷς οὐκ ἔστι τὸ δίκαιον καὶ τὸ ἄδικον, καὶ οἱ ποιηταὶ οὐ πρὸς ἀλήθειαν, ἀλλὰ πρὸς τὰς ἡδονὰς τῶν ἀνθρώπων τὰ ποιήματα ποιοῦσιν.

(39) χρήω durch Orakel kundtun

(41) ἡ ζωγραφία Malerei

(43) τὸ ποίημα Dichtung

(44) ἐπάγομαι anführen

(46) ῥέζω tun

(48) ἀποστατέω sich abwenden von

(60) ἅλις genug • ἐφ᾽ ἅ: ἐπὶ ταῦτα, ἅ – ἐφ᾽ ἃ λέγοντες ἀξιοῦσιν was sie im Auge haben, wenn sie sich für berechtigt halten (zu beweisen)

* Der Verfasser korrigiert die Fragestellung. Zuvor hatte er gezeigt, daß es zu paradoxen Ergebnissen kommt, wenn man das Urteil „gerecht" oder „ungerecht" an bestimmte Handlungen knüpft und nicht an eine bestimmte Intention, die Folgerung aber dennoch nicht sein kann: δίκαιον = ἄδικον. Jetzt geht er über zum Gebiet des Wertneutralen, z. B. Technik und Literatur. Einen ersten Anlauf dazu hatte er schon vorher (Zeile 41/42) genommen.

Gorgias

Gorgias aus Leontinoi (Sizilien), ca. 483–375, war philosophisch gebildet, zeigte sich aber von den Schwierigkeiten, in die sich die damalige Philosophie Unteritaliens mit der Frage „Was ist wirkliches Sein?“ verstrickt hatte, abgestoßen. In einer Schrift περὶ φύσεως ἢ περὶ τοῦ μὴ ὄντος zeigte er, a) daß nichts wirklich sei, b) daß, sollte etwas wirklich existieren, es nicht erkennbar sei, c) daß, selbst wenn es erkennbar wäre, es sprachlich nicht zu vermitteln wäre. Je weniger er der Wahrheit der Philosophen vertraute, desto mehr wurde ihm Wahrheit zu einer Frage der Überzeugung, also der Rhetorik. Seine Kunst, selbst aussichtslos erscheinende Positionen überzeugend zu vertreten, demonstriert er, indem er auf Helena, die als bedenkenlose Ehebrecherin und damit Schuldige am Tod Tausender von Griechen und Troianern galt, eine Lobrede hält.

T 10a Κόσμος πόλει μὲν εὐανδρία
0 σώματι δὲ κάλλος
ψυχῇ δὲ σοφία
πράγματι δὲ ἀρετή
λόγῳ δὲ ἀλήθεια.

τὸ κάλλος Schönheit

Τὰ δὲ ἐναντία τούτων ἀκοσμία.

ἡ ἀκοσμία Entstellung, Verwirrung

Ἄνδρα δὲ καὶ γυναῖκα καὶ λόγον καὶ ἔργον
καὶ πόλιν καὶ πρᾶγμα
χρὴ τὸ μὲν ἄξιον ἐπαίνου ἐπαίνῳ τιμᾶν
τῷ δὲ ἀναξίῳ μῶμον ἐπιτιθέναι.

ὁ μῶμος Tadel

Ἴση γὰρ ἁμαρτία καὶ ἀμαθία
μέμφεσθαί τε τὰ ἐπαινετὰ
καὶ ἐπαινεῖν τὰ μωμητά.

1 Τοῦ αὐτοῦ ἀνδρὸς
λέξαι τε τὸ δέον ὀρθῶς
καὶ ἐλέγξαι τὸ λεγόμενον οὐκ ὀρθῶς.
Προσήκει τοίνυν ἐλέγξαι τοὺς μεμφομένους
Ἑλένην, γυναῖκα, περὶ ἧς
ὁμόφωνος καὶ ὁμόψυχος γέγονεν
ἥ τε τῶν ποιητῶν ἀκουσάντων πίστις
ἥ τε τοῦ ὀνόματος φήμη
ὃ τῶν συμφορῶν μνήμη γέγονεν.
Ἐγὼ δὲ βούλομαι
λογισμόν τινα τῷ λόγῳ δοὺς
τὴν μὲν κακῶς ἀκούουσαν παῦσαι τῆς αἰτίας,
τοὺς δὲ μεμφομένους ψευδομένους ἐπιδείξας
καὶ δείξας τἀληθὲς
παῦσαι τῆς ἀμαθίας.

ἡ πίστις Zuverlässigkeit • ἀκουσάντων *von den Vorgängern oder der Muse*
ἡ φήμη sprachliche Bedeutung; Ἑλένη *von* ἑλεῖν rauben • λογισμὸν δοῦναι (eine Rechnung aufstellen, *d. h.*) einen Beweis führen • κακῶς ἀκούω einen schlechten Ruf haben

ἡ ἀμαθία Unwissenheit

1.1 Ὅτι μὲν οὖν φύσει καὶ γένει
τὰ πρῶτα τῶν πρώτων ἀνδρῶν καὶ γυναικῶν
ἡ γυνή,
περὶ ἧς ὁ λόγος,
οὐκ ἄδηλον
οὐδὲ ὀλίγοις.

τὰ πρῶτα τῶν πρώτων *vgl. „das Beste vom Besten“*

Δῆλον γὰρ
ὡς μητρὸς μὲν Λήδας
πατρὸς δὲ
τοῦ μὲν γενομένου θεοῦ,
λεγομένου δὲ θνητοῦ,
Τυνδαρέω καὶ Διός,
ὧν ὁ μὲν διὰ τὸ εἶναι ἔδοξεν
ὁ δὲ διὰ τὸ φάναι ἠλέγχθη,
καὶ ἦν ὁ μὲν ἀνδρῶν κράτιστος,
ὁ δὲ πάντων τύραννος.

μητρὸς *erg.* τέκνον ἦν • ὁ μὲν *gemeint ist Zeus, der wirklich ihr Vater war und als solcher in die* δόξα *der Menschen einging* – ὁ δὲ *gemeint ist Tyndareos, dessen Vaterschaft behauptet wurde und deshalb als erwiesen galt.*

1.2 Ἐκ τοιούτων δὲ γενομένη
ἔσχε τὸ ἰσόθεον κάλλος,
ὃ λαβοῦσα (καὶ οὐ λαθοῦσα) ἔσχε.
Πλείστας δὲ πλείστοις ἐπιθυμίας ἔρωτος ἐνειργάσατο.
Ἑνὶ δὲ σώματι πολλὰ σώματα συνήγαγεν
ἀνδρῶν ἐπὶ μεγάλοις μέγα φρονούντων,
ὧν οἱ μὲν πλούτου μεγέθη,
οἱ δὲ εὐγενείας παλαιᾶς εὐδοξίαν,
οἱ δὲ ἀλκῆς ἰδίας εὐεξίαν,
οἱ δὲ σοφίας ἐπικτήτου δύναμιν ἔσχον.
Καὶ ἧκον ἅπαντες
ὑπ' ἔρωτός τε φιλονίκου
φιλοτιμίας τε ἀνικήτου.

ἐν|εργάζομαί τινι bewirken in jm

μέγα φρονεῖν hohe Gedanken hegen

ἡ εὐεξία guter Zustand • ἐπίκτητος dazuerworben

φιλόνικος auf Sieg erpicht

2 Ὅστις μὲν οὖν καὶ διότι καὶ ὅπως
ἀπέπλησε τὸν ἔρωτα
τὴν Ἑλένην λαβών,
οὐ λέξω.
Τὸ γὰρ τοῖς εἰδόσιν, ἃ ἴσασι, λέγειν
πίστιν μὲν ἔχει
τέρψιν δὲ οὐ φέρει.
Τὸν χρόνον δὲ τῷ λόγῳ
τὸν τότε
νῦν ὑπερβὰς
ἐπὶ τὴν ἀρχὴν τοῦ μέλλοντος λόγου προβήσομαι
καὶ προθήσομαι τὰς αἰτίας,
δι' ἃς εἰκὸς ἦν
γενέσθαι τὸν τῆς Ἑλένης εἰς τὴν Τροίαν στόλον.

ἀναπίμπλημι erfüllen, stillen

ἡ πίστις *hier:* Vertrauenswürdigkeit

2.1 Ἢ γὰρ Τύχης βουλήμασι καὶ
θεῶν βουλεύμασι καὶ
Ἀνάγκης ψηφίσμασιν
ἔπραξεν ἃ ἔπραξεν
ἢ βίᾳ ἁρπασθεῖσα
ἢ λόγοις πεισθεῖσα
ἢ ἔρωτι ἁλοῦσα.

τὸ βούλημα Wille

τὸ ψήφισμα Entscheidung

Εἰ μὲν οὖν διὰ τὸ πρῶτον,
ἄξιος αἰτιᾶσθαι ὁ αἰτιώμενος.
Θεοῦ γὰρ προθυμίαν
ἀνθρωπίνῃ προμηθίᾳ ἀδύνατον κωλύειν.

αἰτιᾶσθαι *hier passiv* • αἰτιώμενος *transit. Medium* • ἡ προ|θυμία Neigung, Geneigtheit • ἡ προ|μηθία Vorausschau

Πέφυκε γὰρ οὐ τὸ κρεῖσσον
ὑπὸ τοῦ ἥσσονος κωλύεσθαι,
ἀλλὰ τὸ ἧσσον
ὑπὸ τοῦ κρείσσονος ἄρχεσθαι καὶ ἄγεσθαι,
καὶ τὸ μὲν κρεῖσσον ἡγεῖσθαι
τὸ δὲ ἧσσον ἕπεσθαι.
Θεὸς δ' ἀνθρώπου κρεῖσσον
καὶ βίᾳ καὶ σοφίᾳ καὶ τοῖς ἄλλοις.
Εἰ οὖν τῇ τύχῃ καὶ τῷ θεῷ τὴν αἰτίαν ἀναθετέον,
τὴν Ἑλένην τῆς δυσκλείας ἀπολυτέον.

ἡ δύσ|κλεια schlechter Ruf

2.2 Εἰ δὲ βίᾳ ἡρπάσθη
καὶ ἀνόμως ἐβιάσθη
καὶ ἀδίκως ὑβρίσθη,
δῆλον, ὅτι ὁ (μὲν) ἁρπάσας ὡς ὑβρίσας ἠδίκησεν,
ἡ δὲ ἁρπασθεῖσα ὡς ὑβρισθεῖσα ἐδυστύχησεν.

δυσ|τυχέω Mißgeschick erleiden

Ἄξιος οὖν ὁ μὲν ἐπιχειρήσας βάρβαρος
βάρβαρον ἐπιχείρημα
καὶ λόγῳ καὶ νόμῳ καὶ ἔργῳ
λόγῳ μὲν αἰτίας
νόμῳ δὲ ἀτιμίας,
ἔργῳ δὲ ζημίας τυχεῖν.

ἡ αἰτία Beschuldigung • ἡ ἀ|τιμία Ehrverlust

Ἡ δὲ
βιασθεῖσα καὶ
τῆς πατρίδος στερηθεῖσα καὶ
τῶν φίλων ὀρφανισθεῖσα
πῶς οὐκ ἂν εἰκότως ἐλεηθείη μᾶλλον ἢ
κακολογηθείη;

στηρέω berauben • ὀρφανίζω zur Waise machen

Ὁ μὲν γὰρ ἔδρασε δεινά, ἡ δὲ ἔπαθε.
Δίκαιον οὖν τὴν μὲν οἰκτῖραι, τὸν δὲ μισῆσαι.

οἰκτίρω bedauern

2.3 Εἰ δὲ λόγος ὁ πείσας καὶ τὴν ψυχὴν ἀπατήσας,
οὐδὲ πρὸς τοῦτο χαλεπὸν ἀπολογήσασθαι καὶ
τὴν αἰτίαν ἀπολύσασθαι ὧδε·
Λόγος δυνάστης μέγας ἐστίν,
ὃς σμικροτάτῳ σώματι καὶ ἀφανεστάτῳ
θειότατα ἔργα ἀποτελεῖ.

ὁ δυνάστης Herrscher • σῶμα Materie *(Bewegte Luft erregt das Gehör.)*

Δύναται γὰρ
καὶ φόβον παῦσαι
καὶ λύπην ἀφελεῖν
καὶ χαρὰν ἐνεργάσασθαι
καὶ ἔλεον ἐπαυξῆσαι.

Ταῦτα δὲ ὡς οὕτως ἔχει, δείξω,
δεῖ δὲ καὶ † δόξῃ δεῖξαι τοῖς ἀκούουσιν †·

δόξα Überzeugung

2.3.1 Τὴν ποίησιν ἅπασαν
καὶ νομίζω καὶ ὀνομάζω
λόγον ἔχοντα μέτρον.
Ἧς τοὺς ἀκούοντας εἰσῆλθε
καὶ φρίκη περίφοβος
καὶ ἔλεος πολύδακρυς
καὶ πόθος φιλοπένθης,
ἐπ' ἀλλοτρίων τε πραγμάτων καὶ σωμάτων
εὐτυχίαις καὶ δυσπραγίαις
ἴδιόν τι πάθημα διὰ τῶν λόγων
ἔπαθεν ἡ ψυχή.

ἡ φρίκη Schauder • περί|φοβος schreckerfüllt • ὁ ἔλεος Rührung • πολύ|δακρυς tränenreich • πόθος φιλο|πένθης (Sehn-)sucht nach Leiden • ἡ δυσ|πραγία böses Erlebnis • ὁ λόγος *hier:* Art von Rede

Φέρε δὴ πρὸς ἄλλον ἀπ' ἄλλου μεταστῶ λόγον.
2.3.2 Αἱ γὰρ ἔνθεοι διὰ λόγων ἐπῳδαὶ
ἐπαγωγοὶ ἡδονῆς
ἀπαγωγοὶ λύπης
γίνονται.

ἡ ἐπῳδή Gesang *zu einer magischen Handlung* • ἐπαγωγός Zuleiter

Συγγινομένη γὰρ τῇ δόξῃ τῆς ψυχῆς
ἡ δύναμις τῆς ἐπῳδῆς
ἔθελξε καὶ ἔπεισε καὶ μετέστησεν
αὐτὴν γοητείᾳ.
Γοητείας δὲ καὶ μαγείας
δισσαὶ τέχναι εὕρηνται,
αἵ εἰσι ψυχῆς ἁμαρτήματα καὶ
δόξης ἀπατήματα.

θέλγω einschläfern, fesseln • μεθίστημι umstellen • ἡ γοήτεια Berückung, Verhexung • ἡ μάγεια magische Praktik • δισσαί *d. h. des* ἐπῳδός *und des Redners*

2.3.3 Ὅσοι δὲ ὅσους περὶ ὅσων
καὶ ἔπεισαν καὶ πείθουσι
ψευδῆ λόγον πλάσαντες·
Εἰ μὲν γὰρ πάντες περὶ πάντων εἶχον
τῶν τε παροιχομένων μνήμην
τῶν τε παρόντων ἔννοιαν
τῶν τε μελλόντων πρόνοιαν,

πλάττω herstellen • παροίχομαι vorübergehen, vergehen

† οὐκ ἂν ὁμοίως ὅμοιος ἦν ὁ λόγος,
οἷς τὰ νῦν γε †
οὔτε μνησθῆναι τὸ παροιχόμενον
οὔτε σκέψασθαι τὸ παρὸν
οὔτε μαντεύσασθαι τὸ μέλλον
εὐπόρως ἔχει.

οὐκ ὁμοίως ὅμοιος nicht in gleicher Weise gleich, *d. h.* ganz anders gleichartig (-wertig) *(als die Rede derer, denen ...), d. h. im genannten Fall gäbe es nur einen gleichen, den richtigen Logos.* • εὐ|πόρως ἔχει es besteht die Möglichkeit

Ὥστε περὶ τῶν πλείστων οἱ πλεῖστοι
τὴν δόξαν
σύμβουλον τῇ ψυχῇ παρέχονται.
Ἡ δὲ δόξα σφαλερὰ καὶ ἀβέβαιος οὖσα
σφαλεραῖς καὶ ἀβεβαίοις εὐτυχίαις
περιβάλλει τοὺς αὐτῇ χρωμένους.

σφαλερός haltlos • ἀ|βέβαιος unsicher • περι|βάλλω τινί verwickeln in

2.3.4 Es folgt eine Textpartie, die so schlecht überliefert ist, daß der Sinn nur erraten werden kann: Der Verführer hat auf die δόξα der Helena so eingewirkt, daß sie genauso unter Zwang stand, als wenn sie mit Gewalt geraubt worden wäre.

λόγος γάρ
ψυχὴν ὁ πείσας ἣν ἔπεισεν,
ἠνάγκασε καὶ πιθέσθαι τοῖς λεγομένοις
καὶ συναινέσαι τοῖς ποιουμένοις.
Ὁ μὲν οὖν πείσας ὡς ἀναγκάσας ἀδικεῖ,
ἡ δὲ πεισθεῖσα ὡς ἀναγκασθεῖσα τῷ λόγῳ
μάτην ἀκούει κακῶς.

2.3.5 Ὅτι δ' ἡ πειθὼ
προσιοῦσα τῷ λόγῳ
καὶ τὴν ψυχὴν ἐτυπώσατο, ὅπως ἐβούλετο,
χρὴ μαθεῖν
πρῶτον μὲν τοὺς τῶν μετεωρολόγων λόγους,
οἵτινες δόξαν ἀντὶ δόξης
τὴν μὲν ἀφελόμενοι
τὴν δ' ἐνεργασάμενοι
τὰ ἄπιστα καὶ ἄδηλα
φαίνεσθαι τοῖς τῆς δόξης ὄμμασιν
ἐποίησαν,
δεύτερον δὲ τοὺς ἀναγκαίους διὰ λόγων ἀγῶνας,
ἐν οἷς εἷς λόγος πολὺν ὄχλον ἔτερψε καὶ ἔπεισε
τέχνῃ γραφεὶς
οὐκ ἀληθείᾳ λεχθείς,
τρίτον (δὲ) φιλοσόφων λόγων ἁμίλλας,
ἐν αἷς δείκνυται
καὶ γνώμης τάχος
ὡς εὐμετάβολον ποιοῦν τὴν τῆς δόξης πίστιν.

2.3.6 Τὸν αὐτὸν δὲ λόγον ἔχει
ἥ τε τοῦ λόγου δύναμις
πρὸς τὴν τῆς ψυχῆς τάξιν
ἥ τε τῶν φαρμάκων τάξις
πρὸς τὴν τῶν σωμάτων φύσιν.
Ὥσπερ γὰρ τῶν φαρμάκων ἄλλους ἄλλα χυμοὺς
ἐκ τοῦ σώματος ἐξάγει καὶ
τὰ μὲν νόσου
τὰ δὲ βίου παύει,
οὕτω καὶ τῶν λόγων
οἱ μὲν ἐλύπησαν
οἱ δὲ ἔτερψαν
οἱ δὲ ἐφοβήθησαν,
οἱ δὲ εἰς θάρσος κατέστησαν τοὺς ἀκούοντας,
οἱ δὲ πειθοῖ τινι κακῇ τὴν ψυχὴν ἐφαρμάκευσαν
καὶ ἐξεγοήτευσαν.

συν|αινέω zustimmen

ἡ πειθώ Überredungskraft

τυπόω formen, prägen

τέρπω erfreuen • λόγος τέχνῃ γραφεὶς *gemeint sind vorher schriftlich konzipierte Reden, wie sie z. B. den Parteien vor Gericht vom Logographen geliefert wurden.*

τὸν αὐτὸν λόγον ἔχει steht im selben Verhältnis • ἡ τάξις Ordnung: Verfassung; Wirkungsgrad

ὁ χυμός Saft

τὸ θάρσος Mut • φαρμακεύω vergiften • ἐκ|γοητεύω verhexen

2.4 Καὶ ὅτι μὲν, εἰ λόγῳ ἐπείσθη, οὐκ ἠδίκησεν,
ἀλλ᾽ ἠτύχησεν,
εἴρηται.
Τὴν δὲ τετάρτην αἰτίαν
τῷ τετάρτῳ λόγῳ διέξειμι.
Εἰ γὰρ ἔρως ἦν ὁ ταῦτα πάντα πράξας,
οὐ χαλεπῶς διαφεύξεται
τὴν τῆς λεγομένης γεγονέναι ἁμαρτίας αἰτίαν.
Ἃ γὰρ ὁρῶμεν,
ἔχει φύσιν
οὐχ ἣν ἡμεῖς θέλομεν,
ἀλλ᾽ ἣν ἕκαστον ἔτυχε.
Διὰ δὲ τῆς ὄψεως ἡ ψυχὴ
κἀν τοῖς τρόποις
τυποῦται.

οἱ τρόποι Verhaltensweise
τυπόω formen, prägen

2.4.1 Αὐτίκα γὰρ
ὅταν πολέμια σώματα
† πολέμιον ἐπὶ πολεμίοις ὁπλισθῇ κόσμον
χαλκοῦ καὶ σιδήρου,
τοῦ μὲν ἀλεξητήριον
τοῦ δὲ προβλήματα,
εἰ θεάσεται † ἡ ὄψις,
ἐταράχθη
καὶ ἐτάραξε τὴν ψυχήν,
ὥστε πολλάκις
κινδύνου τοῦ μέλλοντος (ὡς) ὄντος
φεύγουσιν ἐκπλαγέντες.

ὁπλίζομαι πολ. κόσμον sich mit Kriegsschmuck wappnen • ἐπί τινι gegen jd.
χαλκοῦ καὶ σιδήρου *gen. materiae* • ἀλεξητήριον schützend *(erg.* κόσμον) • τὸ πρόβλημα Abwehrmittel. *Hier sind die Waffen gemeint, die aus Eisen waren; Panzer und Schild waren aus Bronze.* • ἡ ὄψις Blick, Anblick

Ἰσχυρὰ γὰρ ἡ συνήθεια τοῦ νόμου
διὰ τὸν φόβον ἐξῳκίσθη
τὸν ἀπὸ τῆς ὄψεως,
ἥτις ἐλθοῦσα ἐποίησεν ἀμελῆσαι
καὶ τοῦ καλοῦ τοῦ διὰ τὸν νόμον κρινομένου
καὶ τοῦ ἀγαθοῦ τοῦ διὰ τὴν νίκην γινομένου.

ἡ συν|ήθεια Gewohnheit, Tradition • ἐξ|οικίζω aus dem Haus treiben, austreiben • ἀμελέω τινός sich nicht kümmern um etw.

2.4.2 Ἤδη δέ τινες
ἰδόντες φοβερὰ
καὶ τοῦ παρόντος ἐν τῷ παρόντι χρόνῳ
φρονήματος ἐξέστησαν.
Οὕτως ἀπέσβεσε καὶ ἐξήλασεν ὁ φόβος τὸ νόημα.
Πολλοὶ δὲ ματαίοις πόνοις καὶ
δειναῖς νόσοις καὶ
δυσιάτοις μανίαις
περιέπεσον.
Οὕτως εἰκόνας τῶν ὁρωμένων πραγμάτων
ἡ ὄψις ἐνέγραψεν
ἐν τῷ φρονήματι.

ἐξ|ίσταμαι außerhalb geraten, sich abwenden von • ἀπο|σβέννυμι auslöschen • ἐξ|ελαύνω austreiben

ἡ μανία Wahnzustand • περι|πίπτω τινί hineingeraten in

Καὶ τὰ μὲν δειματοῦντα
πολλὰ μὲν παραλείπεται,
ὅμοια δ' ἐστι τὰ παραλειπόμενα
οἵαπερ τὰ λεγόμενα.

δειματόω in Furcht setzen • παρα|λείπω unbesprochen lassen, übergehen • τὰ λεγόμενα das, wovon wir sprechen, das Genannte

2.4.3 Ἀλλὰ μὴν οἱ γραφεῖς
ὅταν ἐκ πολλῶν χρωμάτων καὶ σωμάτων
ἓν σῶμα καὶ σῆμα
τελείως ἀπεργάσωνται,
τέρπουσι τὴν ὄψιν.
Ἡ δὲ τῶν ἀνδριάντων ποίησις καὶ
ἡ τῶν ἀγαλμάτων ἐργασία
θέαν ἡδεῖαν παρέσχετο τοῖς ὄμμασιν.
Οὕτω τὰ μὲν λυπεῖν
τὰ δὲ ποθεῖν
πέφυκε τὴν ὄψιν.
Πολλὰ δὲ πολλοῖς πολλῶν ἔρωτα καὶ πόθον
ἐνεργάζεται
πραγμάτων καὶ σωμάτων.

ὁ γραφεύς Maler

τὸ σῆμα Bild(zeichen) • ἀπεργά-ζομαι verfertigen

ἡ ἀνδριάς Statue • τὸ ἄγαλμα Prunk-, Götterbild

2.4.4 Εἰ οὖν τῷ τοῦ Ἀλεξάνδρου σώματι
τὸ τῆς Ἑλένης ὄμμα ἡσθὲν
προθυμίαν καὶ ἅμιλλαν ἔρωτος
τῇ ψυχῇ παρέδωκε,
Τί θαυμαστόν;
Ὃς εἰ μὲν θεὸς ὢν
ἔχει θεῶν θείαν δύναμιν,
πῶς ἂν ὁ ἥσσων εἴη
τοῦτον ἀπώσασθαι καὶ ἀμύνασθαι δυνατός;
Εἰ δ' ἐστιν
ἀνθρώπινον νόσημα καὶ
ψυχῆς ἀγνόημα,
οὐχ ὡς ἁμάρτημα μεμπτέον
ἀλλ' ὡς ἀτύχημα νομιστέον.
Ἦλθε γάρ, ὡς ἦλθε
τύχης ἀγρεύμασιν
οὐ γνώμης βουλεύμασιν,
καὶ ἔρωτος ἀνάγκαις,
οὐ τέχνης παρασκευαῖς.

ἡ ἅμιλλα Kampf, Kampfgeist

ὁ ἥσσων der Unterlegene, *d. h. der Mensch*

τὸ ἄγρευμα Fangwerkzeug

2.5 Πῶς οὖν χρὴ
δίκαιον ἡγήσασθαι τὸν τῆς Ἑλένης μῶμον, ἥτις
εἴτ' ἐρασθεῖσα
εἴτε λόγῳ πεισθεῖσα
εἴτε βίᾳ ἁρπασθεῖσα
εἴτε ὑπὸ θείας ἀνάγκης ἀναγκασθεῖσα
ἔπραξεν ἃ ἔπραξε;

3 Πάντως διαφεύγει τὴν αἰτίαν.
Ἀφεῖλον τῷ λόγῳ δύσκλειαν γυναικός,
ἐνέμεινα τῷ νόμῳ, ὃν ἐθέμην ἐν ἀρχῇ τοῦ λόγου·
Ἐπειράθην καταλῦσαι μώμου ἀδικίαν καὶ δόξης ἀμαθίαν,
ἐβουλήθην γράψαι τὸν λόγον
Ἑλένης μὲν ἐγκώμιον,
ἐμὸν δὲ παίγνιον.

τὸ παίγνιον Stück zum Spaß

Aus einer Schrift des **Aristoteles** über die Widerlegungsmethoden der Sophisten:

T 10a . . . καὶ γὰρ τῶν περὶ τοὺς ἐριστικοὺς λόγους μισθαρνούντων ὁμοία τις ἦν ἡ παίδευσις τῇ Γοργίου πραγματείᾳ· λόγους γὰρ οἱ μὲν ῥητορικούς, οἱ δὲ ἐρωτητικοὺς ἐδίδοσαν ἐκμανθάνειν, εἰς οὓς πλειστάκις ἐμπίπτειν ᾠήθησαν ἑκάτεροι τοὺς ἀλλήλων λόγους. Διόπερ ταχεῖα μὲν ἄτεχνος δ' ἦν ἡ διδασκαλία τοῖς μανθάνουσι παρ' αὐτῶν. Οὐ γὰρ τέχνην, ἀλλὰ τὰ ἀπὸ τῆς τέχνης διδόντες παιδεύειν ὑπελάμβανον, ὥσπερ ἂν εἴ τις ἐπιστήμην φάσκων παραδώσειν ἐπὶ τὸ μηδὲν πονεῖν τοὺς πόδας, εἶτα σκυτοτομικὴν μὲν μὴ διδάσκοι μηδ' ὅθεν δυνήσεται πορίζεσθαι τὰ τοιαῦτα, δοίη δὲ πολλὰ γένη παντοδαπῶν ὑποδημάτων.

ἐριστικός trickreich, *d. h. darauf angelegt, jede beliebige Meinung ad absurdum zu führen* • μισθαρνέω gegen Lohn arbeiten • πραγματεία Tätigkeit • ἐρωτητικός in der Frage- und Antwortmethode **(5)** ἀλλήλων wechselseitig aufeinander bezogen **(8)** ὑπολαμβάνω annehmen

Theorien zur Entstehung von Religion, Kultur, Politik

Prodikos

In seinem oben (zu T 6) genannten Buch „Gegen die Physiker" berichtet **Sextus Empiricus** von Theorien über die Entstehung der Religion. Der Verfasser der einen, Prodikos von Keos, war Zeitgenosse des Sokrates. Wie Protagoras und Gorgias war auch er im Dienst seiner Heimatstadt diplomatisch tätig, hauptsächlich aber Redelehrer. Er ist Verfasser der Parabel von Herakles am Scheideweg.

T 11a Πρόδικος δὲ ὁ Κεῖος „ἥλιος" φησί „καὶ σελήνην καὶ ποταμοὺς καὶ κρήνας καὶ καθόλου πάντα τὰ ὠφελοῦντα τὸν βίον ἡμῶν οἱ παλαιοὶ θεοὺς ἐνόμισαν διὰ τὴν ἀπ' αὐτῶν ὠφέλειαν, καθάπερ Αἰγύπτιοι τὸν Νεῖλον" καὶ διὰ τοῦτο τὸν μὲν ἄρτον Δήμητραν νομισθῆναι, τὸν δὲ οἶνον Διόνυσον, τὸ δὲ ὕδωρ Ποσειδῶνα, τὸ δὲ πῦρ Ἥφαιστον καὶ ἤδη τῶν εὐχρηστούντων ἕκαστον.

Demokrit

(ca. 460–ca. 370 v. Chr.) ist als Erfinder der Atomtheorie bekannt. Er hat sich aber auf fast allen Wissensgebieten als großer Denker erwiesen.

T 11 b εἰσὶ δὲ οἱ ἀπὸ τῶν γιγνομένων κατὰ τὸν κόσμον παραδόξων ὑπονοήσαντες εἰς ἔννοιαν ἡμᾶς ἐληλυθέναι θεῶν, ἀφ' ἧς φαίνεται εἶναι δόξης καὶ ὁ Δημόκριτος. „Ὁρῶντες“ γάρ φησι „τὰ ἐν τοῖς μετεώροις παθήματα οἱ παλαιοὶ τῶν ἀνθρώπων καθάπερ βροντὰς καὶ ἀστραπὰς κεραυνούς τε καὶ ἄστρων συνόδους ἡλίου τε καὶ σελήνης ἐκλείψεις ἐδειματοῦντο θεοὺς οἰόμενοι τούτων αἰτίους εἶναι.“

Der Kirchenvater **Clemens von Alexandrien** (150–216) zitiert in seinem Προτρεπτικός, seiner Aufforderung zum Anschluß an das Christentum, Demokrit:

T 11 c ὅθεν οὐκ ἀπεικότως ὁ Δημόκριτος τῶν λογίων ἀνθρώπων ὀλίγους φησὶν ἀνατείναντας τὰς χεῖρας ἐνταῦθα, ὃν νῦν ἠέρα καλέομεν οἱ Ἕλληνες, πάντα Δία μυθεῖσθαι καὶ „Πάντα οὗτος οἶδε καὶ διδοῖ καὶ ἀφαιρεῖται καὶ βασιλεὺς οὗτος τῶν πάντων“.

Die Kulturentstehungslehre des Demokrit (?)

Vorausgegangen ist ein Kapitel über die Entstehung des Weltalls und des Lebens.

T 12 a (1) Καὶ περὶ μὲν τῆς πρώτης τῶν ὅλων γενέσεως τοιαῦτα παρειλήφαμεν, τοὺς δὲ ἐξ ἀρχῆς γεννηθέντας τῶν ἀνθρώπων φασὶν ἐν ἀτάκτῳ καὶ θηριώδει βίῳ καθεστῶτας σποράδην ἐπὶ τὰς νομὰς ἐξιέναι καὶ προσφέρεσθαι τῆς τε βοτάνης τὴν προσηνεστάτην καὶ τοὺς αὐτομάτους ἀπὸ τῶν δένδρων καρπούς. (2) καὶ πολεμουμένους μὲν ὑπὸ τῶν θηρίων ἀλλήλοις βοηθεῖν ὑπὸ τοῦ συμφέροντος διδασκομένους, ἀθροιζομένους δὲ διὰ τὸν φόβον ἐπιγινώσκειν ἐκ τοῦ κατὰ μικρὸν τοὺς ἀλλήλων τύπους, (3) τῆς φωνῆς δ' ἀσήμου καὶ συγκεχυμένης οὔσης ἐκ τοῦ κατ' ὀλίγον διαρθροῦν τὰς λέξεις, καὶ πρὸς ἀλλήλους τιθέντας σύμβολα περὶ ἑκάστου τῶν ὑποκειμένων γνώριμον σφίσιν αὐτοῖς ποιῆσαι τὴν περὶ ἁπάντων ἑρμηνείαν.
(4) τοιούτων δὲ συστημάτων γινομένων καθ' ἅπασαν τὴν οἰκουμένην, οὐχ ὁμόφωνον πάντας ἔχειν τὴν διάλεκτον, ἑκάστων ὡς ἔτυχε συνταξάντων τὰς λέξεις· διὸ καὶ παντοίους τε ὑπάρξαι χαρακτῆρας διαλέκτων καὶ τὰ πρῶτα γενόμενα συστήματα τῶν ἁπάντων ἐθνῶν ἀρχέγονα γενέσθαι.

(1) παρα|λαμβάνω aus der Tradition übernehmen • σποράδην sporadisch, vereinzelt • ἡ νομή Weide, Nahrungsmittel • προσ|φέρομαι zu sich nehmen • ἡ βοτάνη pflanzliche Nahrung • προσηνής tauglich
(2) τὸ συμ|φέρον das Zuträgliche, der Nutzen • ἐπι|γιγνώσκειν genau erkennen • ἐκ τοῦ κατὰ μικρόν aufgrund allmählicher Entwicklung **(3)** ἄσημος unartikuliert • συγχέω ineinanderfließen • ἐκ τοῦ κατ' ὀλίγον = ἐκ τοῦ κατὰ μικρόν • δι|αρθρόω artikulieren • ἡ λέξις sprachlicher Ausdruck, Wort • τὸ ὑποκείμενον das Vorliegende, das Ding • γνώριμος kenntlich • ἡ ἑρμήνεια Ausdruck, sprachliche Vermittlung
(4) ἡ διά|λεκτος (Umgangs)sprache • (τὸ) ἀρχέ|γονον Ursprung

(5) τοὺς οὖν πρώτους τῶν ἀνθρώπων μηδενὸς τῶν πρὸς βίον χρησίμων εὑρημένου ἐπιπόνως διάγειν, γυμνοὺς μὲν ἐσθῆτος ὄντας, οἰκήσεως τε καὶ πυρὸς ἀήθεις, τροφῆς δ' ἡμέρου παντελῶς ἀνεννοήτους.

(5) ἐπι|πόνως mühsam • ἀ|ήθης ungewohnt • ἥμερος zahm, vom Menschen gezogen • ἀν|εν|νόητος unkundig

(6) καὶ γὰρ τὴν συγκομιδὴν τῆς ἀγρίας τροφῆς ἀγνοοῦντας μηδεμίαν τῶν καρπῶν εἰς τὰς ἐνδείας ποιεῖσθαι παράθεσιν· διὸ καὶ πολλοὺς αὐτῶν ἀπόλλυσθαι κατὰ τοὺς χειμῶνας διά τε τὸ ψῦχος καὶ τὴν σπάνιν τῆς τροφῆς.

(6) ἡ συγ|κομιδή Sammlung • ἄγριος wild(wachsend) • ἡ παρά|θεσις Speicherung • τὸ ψῦχος Kälte • ἡ σπάνις Mangel

(7) ἐκ δὲ τούτου κατ' ὀλίγον ὑπὸ τῆς πείρας διδασκομένους εἴς τε τὰ σπήλαια καταφεύγειν ἐν τῷ χειμῶνι καὶ τῶν καρπῶν τοὺς φυλάττεσθαι δυναμένους ἀποτίθεσθαι. γνωσθέντος δὲ τοῦ πυρὸς καὶ τῶν ἄλλων τῶν χρησίμων κατὰ μικρὸν καὶ τὰς τέχνας εὑρεθῆναι καὶ τἄλλα τὰ δυνάμενα τὸν κοινὸν βίον ὠφελῆσαι. καθόλου γὰρ πάντων τὴν χρείαν αὐτὴν διδάσκαλον γενέσθαι τοῖς ἀνθρώποις, ὑφηγουμένην οἰκείως τὴν ἑκάστου μάθησιν εὐφυεῖ ζῴῳ καὶ συνεργοὺς ἔχοντι πρὸς ἅπαντα χεῖρας καὶ λόγον καὶ ψυχῆς ἀγχίνοιαν.

(7) τὸ σπήλαιον Höhle • ἀπο|τίθεμαι für sich beiseitelegen • καθ|όλου im ganzen, prinzipiell • ὑφ|ηγέομαι Anleitung geben (zu) • εὐ|φυής von Natur aus gut begabt • σύν|εργος Mitarbeiter • ἡ ἀγχί|νοια rasche Auffassungsgabe

Ursprung der Fähigkeit des Menschen zu politischem Zusammenleben

In seinem Dialog „Protagoras" läßt Platon den Sokrates die These aufstellen, ἀρετή sei nicht lehrbar, denn 1) dulde man in allen Fachgebieten nur den Rat der wenigen, die das Fach gelernt hätten, während in der Politik jeder mitreden könne, 2) hätten große Männer wie Perikles ihren Söhnen die Tüchtigkeit nicht beibringen können.
Zu dem folgenden muß man wissen, daß Protagoras nicht nur Werke περὶ θεῶν (vgl. oben Text 8), περὶ ἀρετῶν, περὶ πολιτείας, sondern auch ein Buch περὶ τῆς ἐν ἀρχῇ καταστάσεως verfaßt haben soll. Alle sind verloren.

T 12b <u>Σωκράτης:</u> Εἰ οὖν ἔχεις ἐναργέστερον ἡμῖν ἐπιδεῖξαι ὡς διδακτόν ἐστιν ἡ ἀρετή, μὴ φθονήσῃς, ἀλλ' ἐπίδειξον·
<u>Πρωταγόρας:</u> Ἀλλ', ὦ Σώκρατες, οὐ φθονήσω· ἀλλὰ πότερον ὑμῖν, ὡς πρεσβύτερος νεωτέροις, μῦθον λέγων ἐπιδείξω ἢ λόγῳ διεξελθών;
Πολλοὶ οὖν αὐτῷ ὑπέλαβον τῶν παρακαθημένων ὁποτέρως βούλοιτο οὕτως διεξιέναι.

ὑπο|λαμβάνω ins Wort fallen

<u>Πρωταγόρας:</u>
Δοκεῖ τοίνυν μοι χαριέστερον εἶναι μῦθον ὑμῖν λέγειν.
Ἦν γάρ ποτε χρόνος, ὅτε θεοὶ μὲν ἦσαν, θνητὰ δὲ γένη οὐκ ἦν. ἐπειδὴ δὲ καὶ τούτοις χρόνος ἦλθεν εἱμαρμένος γενέσεως, τυποῦσιν αὐτὰ θεοὶ γῆς ἔνδον ἐκ γῆς καὶ πυρὸς μίξαντες καὶ τῶν ὅσα πυρὶ καὶ γῇ κεράννυται. ἐπειδὴ δ' ἄγειν αὐτὰ πρὸς φῶς ἔμελλον, προσέταξαν Προμηθεῖ καὶ Ἐπιμηθεῖ κοσμῆσαί τε καὶ νεῖμαι δυνάμεις

εἱμαρμένος vorherbestimmt • τυπόω prägen, formen

ἑκάστοις ὡς πρέπει. Προμηθέα δὲ παραιτεῖται Ἐπιμηθεὺς αὐτὸς νεῖμαι, „νείμαντος δ᾽ ἐμοῦ“ ἔφη „ἐπίσκεψαι“· καὶ οὕτω πείσας νέμει.

νέμων δὲ τοῖς μὲν ἰσχὺν ἄνευ τάχους προσῆπτε, τοὺς δ᾽ ἀσθενεστέρους τάχει ἐκόσμει· τοὺς δὲ ὥπλιζε, τοῖς δ᾽ ἄοπλον διδοὺς φύσιν ἄλλην τιν᾽ αὐτοῖς ἐμηχανᾶτο δύναμιν εἰς σωτηρίαν. ἃ μὲν γὰρ αὐτῶν σμικρότητι ἤμπισχε, πτηνὸν φυγὴν ἢ κατάγειον οἴκησιν ἔνεμεν· ἃ δὲ ηὖξε μεγέθει, τῷδε αὐτῷ αὐτὰ ἔσωζε· καὶ τἆλλα οὕτως ἐπανισῶν ἔνεμε.

προσ|άπτω anheften

ἀμπέχω umhüllen • πτηνός geflügelt • ἐπ|αν|ισόω ausgleichen

ταῦτα δὲ ἐμηχανᾶτο εὐλάβειαν ἔχων μή τι γένος ἀιστωθείη· ἐπειδὴ δὲ αὐτοῖς ἀλληλοφθοριῶν διαφυγὰς ἐπήρκεσε, πρὸς τὰς ἐκ Διὸς ὥρας εὐμάρειαν ἐμηχανᾶτο ἀμφιεννὺς αὐτὰ πυκναῖς τε θριξὶ καὶ στερεοῖς δέρμασιν, ἱκανοῖς μὲν ἀμῦναι χειμῶνα, δυνατοῖς δὲ καὶ καύματα, καὶ εἰς εὐνὰς ἰοῦσιν ὅπως ὑπάρχοι τὰ αὐτὰ ταῦτα στρωμνὴ οἰκεία τε καὶ αὐτοφυὴς ἑκάστῳ, καὶ ὑποδῶν τὰ μὲν ὁπλαῖς, τὰ δὲ ὄνυξι καὶ δέρμασι στερεοῖς καὶ ἀναίμοις.

εὐ|λάβεια Vorsorge • ἀ|ιστόω vernichten • ἀλληλο|φθορία gegenseitige Vernichtung

ἐπ|αρκέω verschaffen • αἱ ὧραι Witterungsunbilden • εὐμάρεια Erleichterung, Schutz

στρώμνη Lagerstätte • αὐτο|φυής an ihnen selbst gewachsen • ὁπλή Huf

τοὐντεῦθεν τροφὰς ἄλλοις ἄλλας ἐξεπόριζε, τοῖς μὲν ἐκ γῆς βοτάνην, ἄλλοις δὲ δένδρων καρπούς, τοῖς δὲ ῥίζας· ἔστι δ᾽ οἷς ἔδωκεν εἶναι τροφὴν ζώων ἄλλων βοράν· καὶ τοῖς μὲν ὀλιγογονίαν προσῆψε, τοῖς δ᾽ ἀναλισκομένοις ὑπὸ τούτων πολυγονίαν, σωτηρίαν τῷ γένει πορίζων.

βοτάνη Pflanze, Kraut

βορά Fraß

ἅτε δὴ οὖν οὐ πάνυ τι σοφὸς ὢν ὁ Ἐπιμηθεὺς ἔλαθεν αὑτὸν καταναλώσας τὰς δυνάμεις· λοιπὸν δὴ ἀκόσμητον ἔτι αὐτῷ ἦν τὸ ἀνθρώπων γένος, καὶ ἠπόρει ὅ τι χρήσαιτο. ἀποροῦντι δὲ αὐτῷ ἔρχεται Προμηθεὺς ἐπισκεψόμενος τὴν νομήν, καὶ ὁρᾷ τὰ μὲν ἄλλα ζῷα ἐμμελῶς πάντων ἔχοντα, τὸν δὲ ἄνθρωπον γυμνόν τε καὶ ἀνυπόδητον καὶ ἄστρωτον καὶ ἄοπλον. ἤδη δὲ καὶ ἡ εἱμαρμένη ἡμέρα παρῆν, ἐν ᾗ ἔδει καὶ ἄνθρωπον ἐξιέναι ἐκ γῆς εἰς φῶς. ἀπορίᾳ οὖν ἐχόμενος ὁ Προμηθεύς, ἥντινα σωτηρίαν τῷ ἀνθρώπῳ εὕροι, κλέπτει Ἡφαίστου καὶ Ἀθηνᾶς τὴν ἔντεχνον σοφίαν σὺν πυρί – ἀμήχανον γὰρ ἦν ἄνευ πυρὸς αὐτὴν κτητήν τῳ ἢ χρησίμην γενέσθαι – καὶ οὕτω δὴ δωρεῖται ἀνθρώπῳ.

νομή Verteilung • ἐμ|μελής passend

ἀ|μήχανος unmöglich

τὴν μὲν οὖν περὶ τὸν βίον σοφίαν ἄνθρωπος ταύτῃ ἔσχε, τὴν δὲ πολιτικὴν οὐκ εἶχεν· ἦν γὰρ τῷ Διί· τῷ δὲ Προμηθεῖ εἰς μὲν τὴν ἀκρόπολιν τὴν τοῦ Διὸς οἴκησιν οὐκέτι ἐνεχώρει εἰσελθεῖν· πρὸς δὲ καὶ αἱ Διὸς φυλακαὶ φοβεραὶ ἦσαν. εἰς δὲ τὸ τῆς Ἀθηνᾶς καὶ Ἡφαίστου οἴκημα τὸ κοινόν, ἐν ᾧ ἐφιλοτεχνείτην, λαθὼν εἰσέρχεται, καὶ κλέψας τήν τε ἔμπυρον τέχνην τὴν τοῦ

ἐγ|χωρεῖ es ist möglich • πρός außerdem

φιλο|τεχνέω eine Kunst betreiben

Ἡφαίστου καὶ τὴν ἄλλην τὴν τῆς Ἀθηνᾶς δίδωσιν ἀνθρώπῳ. καὶ ἐκ τούτου εὐπορία μὲν ἀνθρώπῳ τοῦ βίου γίγνεται, Προμηθέα δὲ δι' Ἐπιμηθέα ὕστερον, ἧπερ λέγεται, κλοπῆς δίκη μετῆλθεν.

Ἐπειδὴ δὲ ὁ ἄνθρωπος θείας μετέσχε μοίρας, πρῶτον μὲν διὰ τὴν συγγένειαν ζώων μόνον θεοὺς ἐνόμισε, καὶ ἐπεχείρει βωμούς τε ἱδρύεσθαι καὶ ἀγάλματα θεῶν· ἔπειτα φωνὴν καὶ ὀνόματα ταχὺ διηρθρώσατο τῇ τέχνῃ, καὶ οἰκήσεις καὶ ἐσθῆτας καὶ ὑποδέσεις καὶ στρωμνὰς καὶ τὰς ἐκ γῆς τροφὰς εὕρετο.

δι|αρθρόω artikulieren

οὕτω δὴ παρεσκευασμένοι κατ' ἀρχὰς ἄνθρωποι ᾤκουν σποράδην, πόλεις δὲ οὐκ ἦσαν. ἀπώλλυντο οὖν ὑπὸ τῶν θηρίων διὰ τὸ πανταχῇ αὐτῶν ἀσθενέστεροι εἶναι, καὶ ἡ δημιουργικὴ τέχνη αὐτοῖς πρὸς μὲν τροφὴν ἱκανὴ βοηθὸς ἦν, πρὸς δὲ τὸν τῶν θηρίων πόλεμον ἐνδεής· πολιτικὴν γὰρ τέχνην οὔπω εἶχον, ἧς μέρος πολεμική. ἐζήτουν δὴ ἀθροίζεσθαι καὶ σώζεσθαι κτίζοντες πόλεις· ὅτ' οὖν ἀθροισθεῖεν, ἠδίκουν ἀλλήλους ἅτε οὐκ ἔχοντες τὴν πολιτικὴν τέχνην, ὥστε πάλιν σκεδαννύμενοι διεφθείροντο.

Ζεὺς οὖν δείσας περὶ τῷ γένει ἡμῶν, μὴ ἀπόλοιτο πᾶν, Ἑρμῆν πέμπει ἄγοντα εἰς ἀνθρώπους αἰδῶ τε καὶ δίκην, ἵν' εἶεν πόλεων κόσμοι τε καὶ δεσμοὶ φιλίας συναγωγοί. ἐρωτᾷ οὖν Ἑρμῆς Δία, τίνα οὖν τρόπον δοίη δίκην καὶ αἰδῶ ἀνθρώποις· „πότερον ὡς αἱ τέχναι νενέμηνται, οὕτω καὶ ταύτας νείμω; νενέμηνται δὲ ὧδε· εἷς ἔχων ἰατρικὴν πολλοῖς ἱκανὸς ἰδιώταις, καὶ οἱ ἄλλοι δημιουργοί· καὶ δίκην δὴ καὶ αἰδῶ οὕτω θῶ ἐν τοῖς ἀνθρώποις, ἢ ἐπὶ πάντας νείμω;" „ἐπὶ πάντας" ἔφη ὁ Ζεύς „καὶ πάντες μετεχόντων· οὐ γὰρ ἂν γένοιντο πόλεις, εἰ ὀλίγοι αὐτῶν μετέχοιεν ὥσπερ ἄλλων τεχνῶν· καὶ νόμον γε θὲς παρ' ἐμοῦ, τὸν μὴ δυνάμενον αἰδοῦς καὶ δίκης μετέχειν κτείνειν ὡς νόσον πόλεως."

οὕτω δή, ὦ Σωκρατες, καὶ διὰ ταῦτα οἵ τε ἄλλοι καὶ Ἀθηναῖοι, ὅταν μὲν περὶ ἀρετῆς τεκτονικῆς ᾖ λόγος ἢ ἄλλης τινὸς δημιουργικῆς, ὀλίγοις οἴονται μετεῖναι συμβουλῆς, καὶ ἐάν τις ἐκτὸς ὢν τῶν ὀλίγων συμβουλεύῃ, οὐκ ἀνέχονται, ὡς σὺ φῄς· εἰκότως, ὡς ἐγώ φημι. ὅταν δὲ εἰς συμβουλὴν πολιτικῆς ἀρετῆς ἴωσιν, ἣν δεῖ διὰ δικαιοσύνης πᾶσαν ἰέναι καὶ σωφροσύνης, εἰκότως ἅπαντος ἀνδρὸς ἀνέχονται, ὡς παντὶ προσῆκον ταύτης γε μετέχειν τῆς ἀρετῆς, ἢ μὴ εἶναι πόλεις. αὕτη, ὦ Σώκρατες, τούτου αἰτία·

συμβουλὴ πολιτικῆς ἀρετῆς Beratung, die in den Bereich der πολιτικὴ ἀρετή fällt • ἰέναι διά τι es zu tun haben mit etw.

Die Kyniker – eine antike Protestbewegung

Textsammlung
zusammengestellt und bearbeitet von Klaus Döring

Vorbemerkung

Über Leben und Weltanschauung der Kyniker sind wir nur durch Berichte und Zitate bei anderen Autoren unterrichtet. So stammen z. B. die meisten der im ersten und zweiten Abschnitt zitierten Texte aus dem umfangreichen Werk „Leben und Meinungen der berühmten Philosophen“ des Diogenes Laertios, der wahrscheinlich in der 1. Hälfte des 3. Jahrhunderts n. Chr. lebte. Da dieses Werk das einzige seiner Art ist, das nicht verloren ging, ist es für die Rekonstruktion der Biographien und der Lehren der antiken Philosophen von erheblichem Wert. Ein Text (7) ist der ‚Metaphysik‘ des Aristoteles entnommen, ein anderer (15) Xenophons ‚Symposion‘. Quellen aus späterer Zeit sind neben dem Werk des Diogenes Laertios einerseits die Schriften von heidnischen und christlichen Philosophen und Gelehrten wie Philodem (1. Jh. v. Chr.), Clemens von Alexandrien (2. Jh. n. Chr.), Eusebios von Caesarea (um 300 n. Chr.) und Simplicius (6. Jh. n. Chr.), andererseits Sammelwerke (Gellius, 2. Jh. n. Chr.), Anthologien (Stobaios, 5. Jh. n. Chr.) und Lexika (die sog. Suda, um 1000 n. Chr.) (vgl. die Quellennachweise am Ende der Sammlung).

Lernwortschatz

Einige Wörter und Begriffe, die in den Texten dieser Sammlung häufiger vorkommen. Sie werden in den Erläuterungen nicht mehr eigens erwähnt.

αὐτάρκης, ες (ἡ αὐτάρκεια)	sich selbst genügend, ausreichend
καρτερός (ἡ καρτερία, καρτερέω)	stark, ausdauernd, standhaft
σώφρων, ον (ἡ σωφροσύνη, σωφρονέω)	besonnen, maßvoll, beherrscht
ἀκόλαστος (ἡ ἀκολασία)	zuchtlos
εὐσεβής, ές (ἡ εὐσέβεια)	fromm
ἄθεος (ἡ ἀθεότης)	gottlos
εὐδαίμων, ον (ἡ εὐδαιμονία)	glücklich
→← κακοδαίμων, ον (ἡ κακοδαιμονία)	unglücklich
ἡ κακία / ἡ πονηρία	(sittliche) Schlechtigkeit

ἡδύς, εῖα, ύ	angenehm
→← ἀηδής, ές	unangenehm
πολυτελής, ές	kostspielig, teuer
→← εὐτελής, ές	billig, wertlos, sparsam
ἡ πενία (πένομαι)	Armut
ὁ πλοῦτος (πλουτέω)	Reichtum
ἡ τροφή	Nahrung
πεινήω	hungrig sein
διψήω	durstig sein
ἡ σπουδή (σπουδάζω)	Eifer, Ernst
→← ἡ παιδιά (παίζω)	Spiel, Scherz
ἡ τρυφή	Luxus, Schwelgerei
ὁ τῦφος	Dampf; Dünkel, Arroganz
διάγω / διέξαγω	sein Leben verbringen

In den meisten der hier gesammelten Texte werden, da sie aus nachklassischer Zeit stammen, Infinitive und Partizipien stets mit μή verneint, auch dann, wenn im klassischen Griechisch οὐ stünde.

1 Antisthenes

(ca. 440–ca. 360 v. Chr.)

Antisthenes war der bedeutendste Sokratesschüler neben Platon, dessen „Ideenlehre" er aufs schärfste bekämpfte. Die fundamentale Verschiedenheit der philosophischen Positionen der beiden wird sehr gut durch die folgende Anekdote illustriert: Als Antisthenes einst im Verlauf eines Streitgespräches zu Platon sagte: „Ein Pferd sehe ich, Platon, eine Pferdheit dagegen sehe ich nicht" (ἵππον μὲν ὁρῶ, ἱππότητα δὲ οὐχ ὁρῶ), entgegnete dieser: „Du hast eben nur das Auge, mit dem man ein Pferd sieht, aber das Auge, mit dem man eine Pferdheit erblickt, hast du noch nicht erworben". Vgl. dazu T 7.
Antisthenes verfaßte eine Vielzahl verschiedenartiger Schriften, die mit Ausnahme der beiden Übungsreden ‚Aias' und ‚Odysseus' allesamt verlorengegangen sind. Die Titel zweier philosophischer Schriften werden in T 2 (‚Herakles') und T 10 (‚Naturlehre') erwähnt.

T 1 Ἤρεσκεν αὐτῷ αὐτάρκη εἶναι τὴν ἀρετὴν πρὸς εὐδαιμονίαν, μηδενὸς προσδεομένην ὅτι μὴ Σωκρατικῆς ἰσχύος. τήν τ᾽ ἀρετὴν τῶν ἔργων εἶναι, μήτε λόγων πλείστων δεομένην μήτε μαθημάτων.

ἀρέσκει μοι es beliebt mir, ich vertrete die Auffassung • ὅτι μή außer

T 2 Ἀρέσκει αὐτοῖς καὶ τέλος εἶναι τὸ κατ᾽ ἀρετὴν ζῆν ὡς Ἀντισθένης φησὶν ἐν τῷ Ἡρακλεῖ.

αὐτοῖς: τοῖς Κυνικοῖς • τὸ τέλος Endziel, Endzweck (des Lebens)

T 3 Τοὺς βουλομένους ἀθανάτους εἶναι ἔφη δεῖν ζῆν εὐσεβῶς καὶ δικαίως.

T 4 Τεῖχος ἀσφαλέστατον φρόνησις· μήτε γὰρ καταρρεῖν μήτε προδίδοσθαι.

ἡ φρόνησις Denken, Einsicht • μήτε γάρ ...: *Übergang in die indir. Rede* • κατα|ρ|ρέω wegfließen, einstürzen

T 5 Τείχη κατασκευαστέον ἐν τοῖς αὑτῶν ἀναλώτοις λογισμοῖς.

ἀν|άλωτος uneinnehmbar, unbezwingbar

T 6 Γράμματα μὴ μανθάνειν ἔφασκεν ὁ Ἀντισθένης τοὺς σώφρονας γενομένους, ἵνα μὴ διαστρέφοιντο τοῖς ἀλλοτρίοις.

δια|στρέφω verdrehen, verwirren

T 7 Οὐκ ἔστι τὸ τί ἐστιν ὁρίσασθαι, ἀλλὰ ποῖον μέν τί ἐστιν ἐνδέχεται διδάξαι, ὁρίσασθαι δ᾽ οὔ, ὥσπερ ἄργυρον, τί μέν ἐστιν οὔ, ὅτι δ᾽ οἷον καττίτερος.
Es ist nicht möglich zu definieren, was etwas ist. Zwar läßt sich angeben, wie beschaffen etwas ist, eine Definition läßt sich jedoch nicht geben. Wie z. B. im Fall des Silbers: Was es ist, läßt sich nicht sagen, wohl aber, daß es so etwas wie Zinn ist.

T 8 Ἔφη τὸν σοφὸν οὐ κατὰ τοὺς κειμένους νόμους πολιτεύσεσθαι ἀλλὰ κατὰ τὸν τῆς ἀρετῆς.

T 9 Δεῖ τὸν δίκαιον περὶ πλείονος ποιεῖσθαι τοῦ συγγενοῦς.

T 10 Παρ' Ἀντισθένει ἐν μὲν τῷ Φυσικῷ λέγεται τὸ κατὰ νόμον εἶναι πολλοὺς θεούς, κατὰ δὲ φύσιν ἕνα.

T 11 Ἔλεγε συνεχές „μανείην μᾶλλον ἢ ἡσθείην."

συν|εχές *adverb. Akk.*

T 12 Ἐγὼ ἀποδέχομαι τὸν Ἀντισθένη „τὴν Ἀφροδίτην" λέγοντα „κἂν κατατοξεύσαιμι, εἰ λάβοιμι, ὅτι πολλὰς ἡμῶν καλὰς καὶ ἀγαθὰς γυναῖκας διέφθειρεν". τόν τε ἔρωτα κακίαν φησὶ φύσεως· ἧς ἥττους ὄντες οἱ κακοδαίμονες θεὸν τὴν νόσον καλοῦσιν.

ἀπο|δέχομαι anerkennen, akzeptieren • κἂν = καὶ ἄν; καί sogar • κατα|τοξεύω niederschießen

T 13 Ὅτι ὁ πόνος ἀγαθὸν συνέστησε διὰ τοῦ μεγάλου Ἡρακλέους καὶ τοῦ Κύρου, τὸ μὲν ἀπὸ τῶν Ἑλλήνων, τὸ δὲ ἀπὸ τῶν βαρβάρων ἑλκύσας.

συν|ίστημι darlegen, aufzeigen • Κύρου: *Kyros II., d. Gr., (559–529) galt in der Antike weithin als Muster eines Königs.*

T 14 Ἡδονὰς τὰς μετὰ τοὺς πόνους διωκτέον, ἀλλ' οὐχὶ τὰς πρὸ τῶν πόνων.

T 15 Bei einem Symposion, das im Hause des reichen Kallias (vgl. § 37) stattfindet, preist Antisthenes seinen Lebensstil:

(34) Νομίζω, ὦ ἄνδρες, τοὺς ἀνθρώπους οὐκ ἐν τῷ οἴκῳ τὸν πλοῦτον καὶ τὴν πενίαν ἔχειν ἀλλ' ἐν ταῖς ψυχαῖς. (35) ὁρῶ γὰρ πολλοὺς μὲν ἰδιώτας, οἳ πάνυ πολλὰ ἔχοντες χρήματα οὕτω πένεσθαι ἡγοῦνται, ὥστε πάντα μὲν πόνον, πάντα δὲ κίνδυνον ὑποδύονται, ἐφ' ᾧ πλείω κτήσονται· οἶδα δὲ καὶ ἀδελφούς, οἳ τὰ ἴσα λαχόντες ὁ μὲν αὐτῶν τἀρκοῦντα ἔχει καὶ περιττεύοντα τῆς δαπάνης, ὁ δὲ τοῦ παντὸς ἐνδεῖται· (36) αἰσθάνομαι δὲ καὶ τυράννους τινάς, οἳ οὕτω πεινῶσι χρημάτων, ὥστε ποιοῦσι πολὺ δεινότερα τῶν ἀπορωτάτων· δι' ἔνδειαν μὲν γὰρ δήπου οἱ μὲν κλέπτουσιν, οἱ δὲ τοιχωρυχοῦσιν, οἱ δὲ ἀνδραποδίζονται· τύραννοι δ' εἰσί τινες οἳ ὅλους μὲν οἴκους ἀναιροῦσιν, ἁθρόους δ' ἀποκτείνουσι, πολλάκις δὲ καὶ ὅλας πόλεις χρημάτων ἕνεκα ἐξανδραποδίζονται.

(§ 35) ὑπο|δύομαι auf sich nehmen • ἐφ' ᾧ unter der Bedingung, daß • οἳ ...: *das Subjekt des Relativsatzes wird im Folgenden aufgegliedert in* ὁ μὲν αὐτῶν ... ὁ δέ • περιττεύοντα τῆς δαπάνης: mehr als er verbraucht • ἐν|δέομαι bedürfen

(§ 36) ἄ|πορος arm • τοιχ|ωρυχέω (in Häuser) einbrechen • ἀνδραποδίζομαι versklaven, Menschenraub betreiben

(37) τούτους μὲν οὖν ἔγωγε καὶ πάνυ οἰκτίρω τῆς ἄγαν χαλεπῆς νόσου. ὅμοια γάρ μοι δοκοῦσι πάσχειν ὥσπερ εἴ τις πολλὰ ἔχοι καὶ πολλὰ ἐσθίων μηδέποτε ἐμπίμπλαιτο. ἐγὼ δὲ οὕτω μὲν πολλὰ ἔχω ὡς μόλις αὐτὰ καὶ ἐγὼ αὐτὸς εὑρίσκω· ὅμως δὲ περίεστί μοι καὶ ἐσθίοντι ἄχρι τοῦ μὴ πεινῆν ἀφικέσθαι καὶ πίνοντι μέχρι τοῦ μὴ διψῆν καὶ ἀμφιέννυσθαι ὥστε ἔξω μὲν μηδὲν μᾶλλον Καλλίου τούτου τοῦ πλουσιωτάτου ῥιγοῦν· (38) ἐπειδάν γε μὴν ἐν τῇ οἰκίᾳ γένωμαι, πάνυ μὲν ἀλεεινοὶ χιτῶνες οἱ τοῖχοί μοι δοκοῦσιν εἶναι,

(§ 37) οἰκτίρω bedauern • περί|εστί μοι + *Inf.*: es ist für mich so viel übrig, es bleibt für mich so viel, daß ich ... • ἄχρι = μέχρι • ἀμφι|έννυμαι sich bekleiden • ῥιγόω frieren

(§ 38) ἀλεεινός wärmend • ὁ χιτών Untergewand, Hemd • ὁ τοῖχος Wand

πάνυ δὲ παχεῖαι ἐφεστρίδες οἱ ὄροφοι, στρωμνήν γε μὴν οὕτως ἀρκοῦσαν ἔχω, ὥστ' ἔργον μέγ' ἐστὶ καὶ ἀνεγεῖραι. ἂν δέ ποτε καὶ ἀφροδισιάσαι τὸ σῶμά μου δεηθῇ, οὕτω μοι τὸ παρὸν ἀρκεῖ, ὥστε αἷς ἂν προσέλθω ὑπερασπάζονταί με διὰ τὸ μηδένα ἄλλον αὐταῖς ἐθέλειν προσιέναι.

(39) καὶ πάντα τοίνυν ταῦτα οὕτως ἡδέα μοι δοκεῖ εἶναι, ὡς μᾶλλον μὲν ἥδεσθαι ποιῶν ἕκαστα αὐτῶν οὐκ ἂν εὐξαίμην, ἧττον δέ· οὕτω μοι δοκεῖ ἔνια αὐτῶν ἡδίω εἶναι τοῦ συμφέροντος. (40) πλείστου δ' ἄξιον κτῆμα ἐν τῷ ἐμῷ πλούτῳ λογίζομαι εἶναι ἐκεῖνο, ὅτι εἴ μού τις καὶ τὰ νῦν ὄντα παρέλοιτο, οὐδὲν οὕτως ὁρῶ φαῦλον ἔργον, ὁποῖον οὐκ ἀρκοῦσαν ἂν τροφὴν ἐμοὶ παρέχοι. (41) καὶ γὰρ ὅταν ἡδυπαθῆσαι βουληθῶ, οὐκ ἐκ τῆς ἀγορᾶς τὰ τίμια ὠνοῦμαι (πολυτελῆ γὰρ γίνεται), ἀλλ' ἐκ τῆς ψυχῆς ταμιεύομαι.

(42) ἀλλὰ μὴν καὶ πολὺ δικαιοτέρους γε εἰκὸς εἶναι τοὺς εὐτέλειαν μᾶλλον ἢ πολυχρηματίαν σκοποῦντας. οἷς γὰρ μάλιστα τὰ παρόντα ἀρκεῖ ἥκιστα τῶν ἀλλοτρίων ὀρέγονται. (43) ἄξιον δ' ἐννοῆσαι ὡς καὶ ἐλευθερίους ὁ τοιοῦτος πλοῦτος παρέχεται. Σωκράτης τε γὰρ οὗτος, παρ' οὗ ἐγὼ τοῦτον ἐκτησάμην, οὔτε ἀριθμῷ οὔτε σταθμῷ ἐπήρκει μοι, ἀλλ' ὁπόσον ἐδυνάμην φέρεσθαι, τοσοῦτόν μοι παρεδίδου· ἐγώ τε νῦν οὐδενὶ φθονῶ, ἀλλὰ πᾶσι τοῖς φίλοις καὶ ἐπιδεικνύω τὴν ἀφθονίαν καὶ μεταδίδωμι τῷ βουλομένῳ τοῦ ἐν τῇ ἐμῇ ψυχῇ πλούτου.

παχύς, εῖα, ύ dick, dicht • ἡ ἐφεστρίς Obergewand, Mantel • ὁ ὄροφος Dach(schilf) • ἡ στρωμνή Matratze, Bett • ἀν|εγείρω aufwecken • ἀφροδισιάζω nach Liebesgenüssen verlangen • ὑπερ|ασπάζομαι über die Maßen zärtlich behandeln

(§ 39) ὡς μᾶλλον ... ἧττον δέ: „daß ich, wenn ich jedes davon tue, wohl nicht mehr Vergnügen zu haben wünsche, sondern weniger" • τὸ συμφέρον das Nützliche

(§ 40) παρ|αιρέομαι wegnehmen

(§ 41) ἡδυ|παθέω sich Vergnügen verschaffen • τίμιος wertvoll, kostbar • ὠνέομαι kaufen • ταμιεύομαι (von den Vorräten) zuteilen

(§ 42) εἰκός *erg.* ἐστίν • πολυ|χρηματία Geldverschwendung

(§ 43) ὁ σταθμός Gewicht, Waage • ἐπ|αρκέω aushelfen, hilfreich gewähren • ἡ ἀ|φθονία Fülle, Überfluß • μετα|δίδωμι Anteil geben an etwas

Diogenes in der Tonne, vor ihm Alexander der Große („μετάστηθι ὀλίγον ἀπὸ τοῦ ἡλίου"). Relief aus vermutlich tiberianischer Zeit (1. H. des 1. Jh. n. Chr.), Rom, Villa Albani, gefunden 1726. Das Relief ist in verschiedenen Teilen nach einer mittelalterlichen Zeichnung ergänzt (v. a. die ganze Figur Alexanders, Diogenes' Kopf und rechter Arm, der Kopf des Hundes). Foto: © Ekdotike Athenon S.A., Athen

2 Diogenes von Sinope

(ca. 400–ca. 320 v. Chr.)

Diogenes von Sinope an der Südküste des Schwarzen Meeres, dessen Person schon sehr früh zum Gegenstand üppiger Legendenbildung wurde, kam spätestens zu Beginn der 60er Jahre als Verbannter nach Athen und schloß sich dort Antisthenes als Schüler an (T 20). Er begründete den typischen Lebensstil der Kyniker (T 21.22), deren Name sich von seinem Beinamen „der Hund" (T 16–19) herleitet. Unter den Schriften, die er verfaßte, trug eine den Titel ‚Pordalos' (T 25).

T 16 Ἀριστῶντι αὐτῷ ἐν ἀγορᾷ οἱ περιεστῶτες συνεχὲς ἔλεγον, „κύον·" ὁ δέ, „ὑμεῖς," εἶπεν, „ἐστὲ κύνες, οἵ με ἀριστῶντα περιεστήκατε."

ἀριστάω frühstücken • συνεχές *adverb. Akk.*

T 17 Πρὸς τὰ περιστάντα μειράκια καὶ εἰπόντα, „βλέπωμεν, μὴ δάκῃ ἡμᾶς," „θαρρεῖτε," ἔφη, „παιδία· κύων τευτλία οὐκ ἐσθίει."

τὸ μειράκιον junger Bursche • τὸ τευτλίον *Demin. zu* τὸ τεῦτλον Mangold

(Der besondere Witz der Antwort des Diogenes besteht darin, daß nicht nur ein Hund natürlich keinen Mangold frißt, sondern daß die Blätter des Mangold, die man gerne aß, als Inbegriff des Weichen galten und man daher von weichen Dingen sagte, sie seien „weich wie Mangold".)

T 18 Ἐρωτηθεὶς τί ποιῶν κύων καλεῖται, ἔφη, „τοὺς μὲν διδόντας σαίνων, τοὺς δὲ μὴ διδόντας ὑλακτῶν, τοὺς δὲ πονηροὺς δάκνων."

σαίνω anwedeln, umschmeicheln • ὑλακτέω bellen

T 19 Ἀλεξάνδρου ποτὲ ἐπιστάντος αὐτῷ καὶ εἰπόντος, „ἐγώ εἰμι Ἀλέξανδρος ὁ μέγας βασιλεύς," „κἀγώ," φησί, „Διογένης ὁ κύων."

T 20 Διογένης ὁ Σινωπεὺς ἐκπεσὼν ἐκ τῆς πατρίδος, οὐδενὸς διαφέρων τῶν πάνυ φαύλων Ἀθήναζε ἀφίκετο, καὶ καταλαμβάνει συχνοὺς ἔτι τῶν Σωκράτους ἑταίρων. τῶν μὲν οὖν ἄλλων ταχὺ κατεφρόνησεν, Ἀντισθένει δὲ ἐχρῆτο, οὐκ αὐτὸν οὕτως ἐπαινῶν ὡς τοὺς λόγους οὓς ἔλεγεν, ἡγούμενος μόνους εἶναι ἀληθεῖς καὶ μάλιστα δυναμένους ἄνθρωπον ὠφελῆσαι.

χρῆομαί τινι mit jmdm. Umgang pflegen

T 21 (22) Μῦν θεασάμενος διατρέχοντα καὶ μήτε κοίτην ἐπιζητοῦντα μήτε σκότος εὐλαβούμενον ἢ ποθοῦντά τι τῶν δοκούντων ἀπολαυστῶν, πόρον ἐξεῦρε τῆς περιστάσεως. τρίβωνα διπλώσας πρῶτος διὰ τὸ ἀνάγκην ἔχειν καὶ ἐνεύδειν αὐτῷ, πήραν τ' ἐκομίσατο, ἔνθα αὐτῷ τὰ σιτία ἦν, καὶ παντὶ τόπῳ ἐχρῆτο εἰς πάντα, ἀριστῶν τε καὶ καθεύδων καὶ διαλεγόμενος. ὅτε καὶ τοὺς Ἀθηναίους ἔφασκε, δεικνὺς τὴν τοῦ Διὸς στοὰν καὶ τὸ

(§ 22) ὁ μῦς Maus • ἡ κοίτη Lager • εὐλαβέομαί τι sich vor etw. in acht nehmen • ποθέω ersehnen, vermissen • τὰ ἀπολαυστά Leckereien • ἡ περί|στασις bedrängte Situation, Not • ὁ τρίβων grober „kratziger" Mantel • διπλόω verdoppeln • ἐν|εύδω τινί in etw. schlafen (καὶ ἐνεύδειν *ist abh. von* ἀνάγκην ἔχειν) • ἡ πήρα Ranzen • ὅτε dann • ἡ τοῦ Διὸς στοά die Säulenhalle des Zeus *am Nordwestrand der Agora*

Πομπεῖον, αὐτῷ κατεσκευακέναι ἐνδιαιτᾶσθαι. (23) βακτηρίᾳ δ' ἐπεστηρίζετο ἀσθενήσας· ἔπειτα μέντοι καὶ διὰ παντὸς ἐφόρει, οὐ μὴν ἐν ἄστει, ἀλλὰ καθ' ὁδόν. ἐπιστείλας δέ τινι οἰκίδιον αὐτῷ προνοήσασθαι, βραδύνοντος, τὸν ἐν τῷ Μητρῴῳ πίθον ἔσχεν οἰκίαν.

τὸ Πομπεῖον *das in der Nähe des Dipylon gelegene Zeughaus, in dem die Geräte für die Festzüge aufbewahrt wurden* • ἐν|διαιτάομαι darin leben **(§ 23)** ἡ βακτηρία Stock, Stab • στηρίζομαι sich stützen • ἀ|σθενέω schwach, krank sein • τὸ οἰκίδιον *Demin. zu* οἶκος • προ|νοέομαί τι Sorge tragen für etw. • βραδύνω langsam, säumig sein (βραδύνοντος *Gen. abs., erg.* αὐτοῦ) • τὸ Μητρῷον *der am Westrand der Agora gelegene* Tempel der Göttermutter, *in dem auch das Staatsarchiv untergebracht war* • ὁ πίθος Faß, Tonne

T 22 Ἀρέσκει αὐτοῖς καὶ λιτῶς βιοῦν, αὐτάρκεσι χρωμένοις σιτίοις καὶ τρίβωσι μόνοις, πλούτου καὶ δόξης καὶ εὐγενείας καταφρονοῦσιν. ἔνιοι γοῦν καὶ βοτάναις καὶ παντάπασιν ὕδατι χρῶνται ψυχρῷ σκέπαις τε ταῖς τυχούσαις καὶ πίθοις, καθάπερ Διογένης, ὅς ἔφασκε θεῶν μὲν ἴδιον εἶναι μηδενὸς δεῖσθαι, τῶν δὲ θεοῖς ὁμοίων τὸ ὀλίγων χρῄζειν.

ἀρέσκει μοι es beliebt mir, ich vertrete die Auffassung • λίτος einfach, schlicht • χρωμένοις *und* καταφρονοῦσι: *Part., abh. von* αὐτοῖς • ἡ εὐγένεια adlige Herkunft • ἡ βοτάνη (Grün-)Futter, Pflanze • παντάπασιν ganz und gar, überhaupt • ἡ σκέπη Obdach • ὁ τυχών der erste beste, jeder beliebige • ὅς ἔφασκε ...: *ein ähnlicher Ausspruch wird bei Xenophon (Mem. 1,6,10) dem Sokrates zugeschrieben.*

T 23 Ἐβόα πολλάκις λέγων τὸν τῶν ἀνθρώπων βίον ῥᾴδιον ὑπὸ τῶν θεῶν δεδόσθαι, ἀποκεκρύφθαι δ' αὐτῶν ζητούντων μελίπηκτα καὶ μύρα καὶ τὰ παραπλήσια. ὅθεν πρὸς τὸν ὑπὸ τοῦ οἰκέτου ὑποδούμενον, „οὔπω," εἶπε, „μακάριος εἶ, ἂν μή σε καὶ ἀπομύξῃ· τοῦτο δ' ἔσται πηρωθέντι σοι τὰς χεῖρας."

ὁ βίος Lebensunterhalt • τὸ μελί|πηκτον Honiggebäck • τὸ μύρον (wohlriechende) Salbe • ὅθεν deswegen • ὑπο|δέομαι sich die Schuhe anziehen lassen • ἀπο|μύσσω die Nase schneuzen (*Subj.* ὁ οἰκέτης) • πηρόω verstümmeln, lähmen

T 24 Τοὺς γραμματικοὺς ἐθαύμαζε τὰ μὲν τοῦ Ὀδυσσέως κακὰ ἀναζητοῦντας, τὰ δ' ἴδια ἀγνοοῦντας· καὶ μὴν καὶ τοὺς μουσικοὺς τὰς μὲν ἐν τῇ λύρᾳ χορδὰς ἁρμόττεσθαι, ἀνάρμοστα δ' ἔχειν τῆς ψυχῆς τὰ ἤθη· τοὺς μαθηματικοὺς ἀποβλέπειν μὲν πρὸς τὸν ἥλιον καὶ τὴν σελήνην, τὰ δ' ἐν ποσὶ πράγματα παρορᾶν· τοὺς ῥήτορας τὰ δίκαια μὲν ἐσπουδακέναι λέγειν, πράττειν δὲ μηδαμῶς.

ὁ γραμματικός Sprachlehrer, Philologe • ἀνα|ζητέω erforschen • ἡ λύρα Leier • ἡ χορδή Saite • ἁρμόττομαι stimmen • ἀν|άρμοστος nicht gestimmt • ὁ μαθηματικός Mathematiker • παρ|οράω übersehen • ὁ ῥήτωρ Redner

T 25 Αὐτὸς περὶ αὑτοῦ φησιν ἐν τῷ Πορδάλῳ ὡς παραχαράξαι τὸ νόμισμα.

παρα|χαράσσω umprägen (-ξαι *Opt. Aor.*) • τὸ νόμισμα Brauch, Münze

(Worauf Diogenes mit dem Titel „Pordalos" anspielte, läßt sich nur vermuten. Wahrscheinlich sollte eine doppelte Assoziation geweckt werden, nämlich 1. an die Aggressivität des Panthers (πάρδαλις oder πόρδαλις) und 2. an eine bestimmte Form des Verstoßes gegen die üblichen Sitten, durch die die Kyniker ihre Umwelt gerne provozierten und die das Griechische mit dem Verb (ἀπο)πέρδομαι, *Aor.* ἔπαρδον, *Perf.* πέπορδα (furzen) bezeichnete.)

T 26 Ἔλεγε μόνην ὀρθὴν πολιτείαν εἶναι τὴν ἐν κόσμῳ. ἔλεγε δὲ καὶ κοινὰς εἶναι δεῖν τὰς γυναῖκας, γάμον μηδένα νομίζων, ἀλλὰ τὸν πείσαντα τῇ πεισθείσῃ συνεῖναι· κοινοὺς δὲ διὰ τοῦτο καὶ τοὺς υἱέας. μηδέν τε ἄτοπον εἶναι ἐξ ἱεροῦ τι λαβεῖν ἢ τῶν ζῴων τινὸς γεύσασθαι· μηδ' ἀνόσιον εἶναι τὸ καὶ τῶν ἀνθρωπείων κρεῶν ἅψασθαι, ὡς δῆλον ἐκ τῶν ἀλλοτρίων ἐθῶν.

υἱέας *Akk. Plur. zu* υἱός • ἄ|τοπος ungewöhnlich, verkehrt, ungehörig • τὸ κρέας Fleisch

T 27 Ἐρωτηθεὶς πόθεν εἴη, „κοσμοπολίτης," ἔφη.

T 28 Εἰώθει πάντα ποιεῖν ἐν τῷ μέσω, καὶ τὰ Δήμητρος καὶ τὰ Ἀφροδίτης.

ἐν τῷ μέσῳ in der Öffentlichkeit • τὰ Δημ.: *vgl. T 16* • τὰ Ἀφρ.: *vgl. T 40 § 17*

T 29 Θέρους μὲν ἐπὶ ψάμμου ζεστῆς ἐκυλινδεῖτο, χειμῶνος δ' ἀνδριάντας κεχιονισμένους περιελάμβανε, πανταχόθεν ἑαυτὸν συνασκῶν.

ἡ ψάμμος Sand • ζεστός siedend heiß • κυλινδέομαι sich wälzen • ὁ ἀνδριάς Standbild • χιονίζω beschneien

T 30 (70) Διττὴν ἔλεγε εἶναι τὴν ἄσκησιν, τὴν μὲν ψυχικήν, τὴν δὲ σωματικὴν ταύτην, καθ' ἣν ἐν γυμνασίᾳ συνεχεῖ γινόμεναι φαντασίαι εὐλυσίαν πρὸς τὰ τῆς ἀρετῆς ἔργα παρέχονται. εἶναι δ' ἀτελῆ τὴν ἑτέραν χωρὶς τῆς ἑτέρας. παρετίθετο δὲ τεκμήρια τοῦ ῥᾳδίως ἀπὸ τῆς γυμνασίας ἐν τῇ ἀρετῇ καταγίνεσθαι· ὁρᾶν τε γὰρ ἔν τε ταῖς τέχναις βαναύσοις καὶ ταῖς ἄλλαις οὐ τὴν τυχοῦσαν ὀξυχειρίαν τοὺς τεχνίτας ἀπὸ τῆς μελέτης πεποιημένους τούς τ' αὐλητὰς καὶ τοὺς ἀθλητὰς ὅσον ὑπερφέρουσιν ἑκάτεροι τῇ ἰδίᾳ πονήσει τῇ συνεχεῖ, καὶ ὡς οὗτοι εἰ μετήνεγκαν τὴν ἄσκησιν καὶ ἐπὶ τὴν ψυχήν, οὐκ ἂν ἀνωφελῶς καὶ ἀτελῶς ἐμόχθουν.

(71) οὐδέν γε μὴν ἔλεγε τὸ παράπαν ἐν τῷ βίῳ χωρὶς ἀσκήσεως κατορθοῦσθαι, δυνατὴν δὲ ταύτην πᾶν ἐκνικῆσαι. δέον οὖν ἀντὶ τῶν ἀχρήστων πόνων τοὺς κατὰ φύσιν ἑλομένους ζῆν εὐδαιμόνως, παρὰ τὴν ἄνοιαν κακοδαιμονοῦσι. καὶ γὰρ αὐτῆς τῆς ἡδονῆς ἡ καταφρόνησις ἡδυτάτη προμελετηθεῖσα, καὶ ὥσπερ οἱ συνεθισθέντες ἡδέως ζῆν ἀηδῶς ἐπὶ τοὐναντίον μετίασιν, οὕτως οἱ τοὐναντίον ἀσκηθέντες ἥδιον αὐτῶν τῶν ἡδονῶν καταφρονοῦσι.

(§ 70) Δίττην ... παρ|έχονται: „Er pflegte zu sagen, die Übung sei eine doppelte, einerseits eine geistige, andererseits jene körperliche, bei deren ständigem Vollzug sich Vorstellungen in einem bilde-ten, die zu einer besonderen Geschicklichkeit im Vollbringen sittlichguter Handlungen verhülfen." • ἀ|τελής unvollkommen • κατα|γίγνεσθαι ἔν τινι sich in etw. aufhalten, heimisch sein • ὁρᾶν τε ... συνεχεῖ: „man könne nämlich bei den handwerklichen und den anderen Künsten beobachten, daß sich die Fachleute aufgrund sorgfältiger Übung eine beachtliche (*wörtlich:* keine beliebige) Geschicklichkeit zugelegt hätten, und wie sehr sich die Flötenspieler und Sportler dank ihrer unermüdlichen eigenen Anstrengung vor den anderen hervortäten" • καὶ ὡς ... *weiter abh. von* ὁρᾶν • μετα|φέρω übertragen • μοχθέω sich abmühen

(§ 71) τὸ παράπαν gänzlich, überhaupt • δέον *akk. abs.:* obwohl es nötig wäre • παρά wegen • ἡ ἄ|νοια Unverstand • προ|μελετάω vorher üben • τοὐναντίον = τὸ ἐναντίον Gegenteil • ἥδιον *(Adverb)* αὐτῶν τῶν ἡδονῶν καταφρ.: *ein sog. Oxymoron*

3 Krates von Theben

(ca. 365–ca. 285 v. Chr.)

Krates war ein Schüler des Diogenes. Er ist vor allem deshalb von Interesse, weil er eine besonders eingängige Form fand, der kynischen Lehre Gehör zu verschaffen: Er dichtete jedermann bekannte Verse der griechischen Poesie so um, daß sie zum kynischen Propagandainstrument wurden. Als Beispiel wurde seine Umdichtung (T 31) des Anfanges von Solons berühmter „Musenelegie“ (T 31a) ausgewählt.

T 31

Μνημοσύνης καὶ Ζηνὸς Ὀλυμπίου ἀγλαὰ τέκνα,
    Μοῦσαι Πιερίδες, κλῦτέ μοι εὐχομένῳ.
χόρτον ἐμῇ συνεχῶς δότε γαστέρι, ἥ τέ μοι αἰεὶ
    χωρὶς δουλοσύνης λιτὸν ἔθηκε βίον
* * *
    ὠφέλιμον δὲ φίλοις, μὴ γλυκερόν' τίθετε.
χρήματα δ' οὐκ ἐθέλω συνάγειν κλυτά, κανθάρου ὄλβον
    μύρμηκός τ' ἄφενος κτήματα μαιόμενος·
ἀλλὰ δικαιοσύνης μετέχειν καὶ πλοῦτον ἀγείρειν
    εὔφορον, εὔκτητον, τίμιον εἰς ἀρετήν.
τῶν δὲ τυχὼν Ἑρμῆν καὶ Μούσας ἱλάσομ' ἁγνὰς
    οὐ δαπάναις τρυφεραῖς, ἀλλ' ἀρεταῖς ὁσίαις.

Μνημοσύνη *die personifizierte Erinnerung* • Πιερίδες *Beiname der Musen, hergeleitet von ihrer Geburtsstätte, der nördlich des Olymp gelegenen Landschaft* Πιερία **(10)** Ἑρμῆς *genannt als Schutzgott der Wege und der Wanderer* (ὅδιος)

Der Mnemosyne und des Zeus, des olympischen, prangende Kinder, ihr Musen aus Pierien, hört auf mein Gebet! Gebt unablässig Futter meinem Bauch, der mir stets fern von der Knechtschaft ein schlichtes Leben beschert hat. ... *(Es fehlt mindestens ein Vers.)* ... (5) Nützlich laßt mich meinen Freunden sein, nicht angenehm. Geld will ich nicht zusammentragen, das berühmte, indem ich den Wohlstand des Mistkäfers und den Reichtum der Ameise als Besitz erstrebe, sondern (ich will) an der Gerechtigkeit teilhaben und einen Reichtum sammeln, der leicht zu tragen, ehrlich erworben und kostbar für die Tugend ist. (10) Habe ich dies erlangt, dann werde ich mir Hermes und die reinen Musen geneigt machen nicht mit luxuriösem Aufwand, sondern mit frommen vortrefflichen Taten.

T 31a

Μνημοσύνης καὶ Ζηνὸς Ὀλυμπίου ἀγλαὰ τέκνα,
    Μοῦσαι Πιερίδες, κλῦτέ μοι εὐχομένῳ·
ὄλβον μοι πρὸς θεῶν μακάρων δότε, καὶ πρὸς ἁπάντων
    ἀνθρώπων αἰεὶ δόξαν ἔχειν ἀγαθήν·
εἶναι δὲ γλυκὺν ὧδε φίλοις, ἐχθροῖσι δὲ πικρόν,
    τοῖσι μὲν αἰδοῖον, τοῖσι δὲ δεινὸν ἰδεῖν.
χρήματα δ' ἱμείρω μὲν ἔχειν, ἀδίκως δὲ πεπᾶσθαι
    οὐκ ἐθέλω· πάντως ὕστερον ἦλθε δίκη.

... (3) Gebt mir Wohlstand von seiten der glückseligen Götter, und daß ich bei allen Menschen stets einen guten Ruf habe; (5) und daß ich auf diese Weise angenehm meinen Freunden, meinen Feinden aber bitter sei, für jene ehrwürdig, für diese furchtbar anzusehen. Geld begehre ich zwar zu besitzen, auf unrechte Weise möchte ich es aber nicht erworben haben. Auf jeden Fall kommt später die Vergeltung.

4 Onesikritos von Astypalaia

(ca. 375–ca. 300 v. Chr.)

Onesikritos von der Insel Astypalaia war ein Schüler des Diogenes. Als Steuermann des königlichen Schiffes nahm er am Indienfeldzug Alexanders d. Gr. teil. In der romanhaften Alexanderbiographie, die er im Anschluß daran verfaßte, berichtete er u. a. davon, wie er im Auftrag des Königs mit den in strengster Askese lebenden indischen Brachmanen (den σοφισταί des Textes) zusammengetroffen sei.

T 32 (63) Ὀνησίκριτος πεμφθῆναί φησιν αὐτὸς διαλεξόμενος τοῖς σοφισταῖς τούτοις· ἀκούειν γὰρ τὸν Ἀλέξανδρον, ὡς γυμνοὶ διατελοῖεν καὶ καρτερίας ἐπιμελοῖντο οἱ ἄνθρωποι ἐν τιμῇ τε ἄγοιντο πλείστῃ. καταλαβεῖν δὲ ἄνδρας πεντεκαίδεκα ἀπὸ σταδίων εἴκοσι τῆς πόλεως, ἄλλον ἐν ἄλλῳ σχήματι ἑστῶτα ἢ καθήμενον ἢ κείμενον γυμνόν, ἀκίνητον ἕως ἑσπέρας, εἶτ' ἀπερχόμενον εἰς τὴν πόλιν· χαλεπώτατον δ' εἶναι τὸ τὸν ἥλιον ὑπομεῖναι οὕτω θερμόν, ὥστε τῶν ἄλλων μηδένα ὑπομένειν γυμνοῖς ἐπιβῆναι τοῖς ποσὶ τῆς γῆς ῥᾳδίως κατὰ μεσημβρίαν.

(64) Διαλεχθῆναι δ' ἑνὶ τούτων Καλάνῳ, ... τότε δ' ἐπὶ λίθων τυχεῖν κείμενον. προσιὼν οὖν καὶ προσαγορεύσας εἰπεῖν ἔφη, διότι πεμφθείη παρὰ τοῦ βασιλέως ἀκροασόμενος τῆς σοφίας αὐτῶν καὶ ἀπαγγελῶν πρὸς αὐτόν· εἰ οὖν μηδεὶς εἴη φθόνος, ἕτοιμος εἴη μετασχεῖν τῆς ἀκροάσεως. ἰδόντα δ' ἐκεῖνον χλαμύδα καὶ καυσίαν φοροῦντα καὶ κρηπῖδα, καταγελάσαντα „τὸ παλαιόν" φάναι „πάντ' ἦν ἀλφίτων καὶ ἀλεύρων πλήρη, καθάπερ νῦν κόνεως· καὶ κρῆναι δ' ἔρρεον, αἱ μὲν ὕδατος, γάλακτος δ' ἄλλαι, καὶ ὁμοίως μέλιτος, αἱ δ' οἴνου, τινὲς δ' ἐλαίου· ὑπὸ πλησμονῆς δ' οἱ ἄνθρωποι καὶ τρυφῆς εἰς ὕβριν ἐξέπεσον. Ζεὺς δὲ μισήσας τὴν κατάστασιν ἠφάνισε πάντα καὶ διὰ πόνου τὸν βίον ἀπέδειξε. σωφροσύνης δὲ καὶ τῆς ἄλλης ἀρετῆς παρελθούσης εἰς μέσον, πάλιν εὐπορία τῶν ἀγαθῶν ὑπῆρξεν.

(63) Onesikritos berichtet, er sei selbst ausgesandt worden, um sich mit diesen Weisen zu unterhalten. Alexander habe nämlich gehört, daß diese Menschen in ständiger Nacktheit lebten und sich um Standhaftigkeit bemühten und in höchstem Ansehen stünden. Zwanzig Stadien von der Stadt entfernt habe er fünfzehn Männer angetroffen, die der eine in dieser, der andere in jener Haltung nackt dagestanden, gesessen oder gelegen hätten, unbeweglich bis zum Abend, und dann zur Stadt gegangen seien. Das Beschwerlichste aber sei gewesen, die Sonne zu ertragen, die so heiß gewesen sei, daß es von den anderen niemand aushalte, zur Mittagszeit die Erde ohne Schwierigkeiten mit nackten Füßen zu betreten.

(64) Er habe sich aber mit einem von ihnen, mit Kalanos, unterhalten. Der habe damals gerade auf Steinen gelegen. An ihn sei er herangetreten, habe ihn angeredet und gesagt – so hat er berichtet –, daß er vom König gesandt sei, um sich ihre Weisheit anzuhören und ihm dann davon zu berichten; wenn man es ihm also nicht mißgönne, sei er bereit, an dem Vortrag teilzunehmen. Als jener (Kalanos) aber gesehen habe, daß er (Onesikritos) einen Mantel, einen Sonnenhut und Schuhe getragen habe, habe er über ihn gelacht und gesagt: „Vor alters war alles voller Gersten- und Weizenmehl, wie jetzt voller Staub. Und aus den Brunnen strömte teils Wasser, teils Milch und ebenso auch Honig, teils Wein, aus manchen auch Olivenöl. Aus Übersättigung und Verschwendungssucht verfielen die Menschen jedoch in Übermut. Da ergriff Zeus Abscheu über diesen Zustand, und er vernichtete alles und machte das Leben mühevoll. Als sich aber Selbstbeherrschung und die anderen Tugenden ausgebreitet hatten, stellten sich die Güter erneut in Fülle ein.

ἐγγὺς δ᾽ ἐστὶν ἤδη νυνὶ κόρου καὶ ὕβρεως τὸ πρᾶγμα, κινδυνεύει τε ἀφανισμὸς τῶν ὄντων γενέσθαι." ...

Schon jetzt sind die Dinge jedoch wiederum der Übersättigung und dem Übermut nahe, und es droht eine Vernichtung der Dinge zu erfolgen." ...

(65) Τὰ γοῦν λεχθέντα εἰς τοῦτ᾽ ἔφη συντείνειν, ὡς εἴη λόγος ἄριστος, ὃς ἡδονὴν καὶ λύπην ψυχῆς ἀφαιρήσεται· καὶ ὅτι λύπη καὶ πόνος διαφέρει· τὸ μὲν γὰρ πολέμιον, τὸ δὲ φίλιον αὐτοῖς, τά γε σώματα ἀσκοῦσι πρὸς πόνον, ἵν᾽ αἱ γνῶμαι ῥωννύοιντο, ἀφ᾽ ὧν καὶ στάσεις παύοιεν καὶ σύμβουλοι πᾶσιν ἀγαθῶν παρεῖεν καὶ κοινῇ καὶ ἰδίᾳ.

(65) Was gesagt wurde, sei – so sagte er – darauf hinausgelaufen, daß die beste Lehre die sei, die Lust und Schmerz aus der Seele entferne; und daß sich Schmerz und Mühsal unterschieden; denn jener stehe ihnen (den Brachmanen) als Feind, diese aber als Freundin gegenüber; übten sie doch ihren Körper für das Ertragen von Mühsal, damit die Geisteskräfte gestärkt würden, mit deren Hilfe sie Zwistigkeiten unter ihren Mitbürgern beilegten und allen als Ratgeber zum Guten im öffentlichen und im privaten Leben zur Seite stünden.

5 Bion von Borysthenes

(1. Hälfte d. 3. Jhdts. v. Chr.)

Bion von Borysthenes (bekannterer Name: Olbia) an der Mündung des Dnjepr gilt als Begründer jener in der Folgezeit so außerordentlich beliebten literarischen Gattung, für die sich der Name ‚Diatribe' eingebürgert hat: der allgemeinverständlichen Predigt, in der jedermann betreffende ethische Probleme in zwangloser und abwechslungsreicher Form abgehandelt werden.

T 33 (1) Δεὶ ὥσπερ τὸν ἀγαθὸν ὑποκριτὴν ὅτι ἂν ὁ ποιητὴς περιθῇ πρόσωπον τοῦτο ἀγωνίζεσθαι καλῶς, οὕτω καὶ τὸν ἀγαθὸν ἄνδρα ὅτι ἂν περιθῇ ἡ τύχη. καὶ γὰρ αὕτη, φησὶν ὁ Βίων, ὥσπερ ποιήτρια, ὁτὲ μὲν πρωτολόγου, ὁτὲ δὲ δευτερολόγου περιτίθησι πρόσωπον, καὶ ὁτὲ μὲν βασιλέως, ὁτὲ δὲ ἀλήτου. μὴ οὖν βούλου δευτερολόγος ὢν τὸ πρωτολόγου πρόσωπον· εἰ δὲ μή, ἀνάρμοστόν τι ποιήσεις. (2) σὺ μὲν ἄρχεις καλῶς, ἐγὼ δὲ ἄρχομαι, φησί, καὶ σὺ μὲν εὔπορος γενόμενος δίδως ἐλευθερίως, ἐγὼ δὲ λαμβάνω εὐθαρσῶς παρὰ σοῦ οὐχ ὑποπίπτων οὐδὲ ἀγεννίζων οὐδὲ μεμψιμοιρῶν. σὺ κέχρησαι τοῖς πολλοῖς καλῶς, ἐγὼ δὲ τοῖς ὀλίγοις· οὐ γὰρ τὰ πολυτελῆ, φησί, τρέφει, οὐδὲ ἐκείνοις μὲν ἔστι μετ᾽ ὠφελείας χρῆσθαι, τοῖς δὲ ὀλίγοις καὶ εὐτελέσι μετὰ σωφροσύνης οὐκ ἔστι καὶ ἀτυφίας.

(§ 1) Δεῖ ... ἡ τύχη *Satzbau:* **ὥσπερ** δεῖ τὸν ἀγ. ὑπ. ... ἀγωνίζεσθαι καλῶς, **οὕτω** δεῖ καὶ τὸν ἀγ. ἄνδρα ... ἀγωνίζεσθαι καλῶς • ὁ ὑποκριτής Schauspieler • ὁ ποιητής, ἡ ποιήτρια Dichter, Dichterin • πρόσωπον περιτίθημι eine Rolle zuweisen • ἀγωνίζομαι *(im Theater-Agon)* spielen • ὁτὲ μέν ... ὁτὲ δέ bald ... bald • πρωτο-, δευτερο|λόγος erster, zweiter Sprecher, Schauspieler • ὁ ἀλήτης Landstreicher, Bettler • ἀν|άρμοστος unpassend, widersprüchlich
(§ 2) εὔ|πορος wohlhabend • ἐλευθέριος freigebig • εὐ|θαρσής herzhaft • ὑπο|πίπτω unterwürfig sein • ἀ|γεννίζω unedel handeln • μεμψι|μοιρέω mit dem Schicksal hadern • χρήομαί τινι mit jmdm. Umgang pflegen • ἔστι = ἔξεστι • ἡ ἀ|τυφία Bescheidenheit

(3) διὸ καὶ εἰ λάβοι, φησὶν ὁ Βίων, φωνὴν τὰ πράγματα, ὃν τρόπον καὶ ἡμεῖς, καὶ δύναιτο δικαιολογεῖσθαι, οὐκ ἂν εἴποι, φησίν, ὥσπερ οἰκέτης πρὸς τὸν κύριον ἐφ᾽ ἱερὸν

(§ 3) διό deswegen • ὃν τρόπον auf welche Weise, wie • δικαιο|λογέομαι sich (vor Gericht) verteidigen καθίσας δικαιολογεῖται „τί μοι μάχῃ; μή τί σοι κέκλοφα; οὐ πᾶν τὸ προσταττόμενον ὑπὸ σοῦ ποιῶ; οὐ τὴν ἀποφορὰν εὐτάκτως σοι φέρω;" (4) καὶ ἡ Πενία ἂν εἴποι πρὸς τὸν ἐγκαλοῦντα „τί μοι μάχῃ; μὴ καλοῦ τινος δι' ἐμὲ στερίσκῃ; μὴ σωφροσύνης; μὴ δικαιοσύνης; μὴ ἀνδρείας; ἀλλὰ μὴ τῶν ἀναγκαίων ἐνδεὴς εἶ; ἢ οὐ μεσταὶ μὲν αἱ ὁδοὶ λαχάνων, πλήρεις δὲ αἱ κρῆναι ὕδατος; οὐκ εὐνάς σοι τοσαύτας παρέχω ὁπόση γῆ; καὶ στρωμνὰς φύλλα; ἢ εὐφραίνεσθαι μετ' ἐμοῦ οὐκ ἔστιν; (5) ἢ οὐχ ὁρᾷς γρᾴδια φυστὴν φαγόντα τερετίζοντα; ἢ οὐκ ὄψον ἀδάπανον καὶ ἀτρύφερον παρασκευάζω σοι τὴν πεῖναν; ἢ οὐχ ὁ πεινῶν ἥδιστα ἐσθίει καὶ ἥκιστα ὄψου δεῖται; καὶ ὁ διψῶν ἥδιστα πίνει καὶ ἥκιστα τὸ μὴ παρὸν ποτὸν ἀναμένει; ἢ πεινᾷ τις πλακοῦντα ἢ διψᾷ Χῖον; ἀλλ' οὐ ταῦτα διὰ τρυφὴν ζητοῦσιν ἄνθρωποι; ἢ οἰκήσεις οὐ παρέχω σοι προῖκα, τὸν μὲν χειμῶνα τὰ βαλανεῖα, θέρους δὲ τὰ ἱερά; ποῖον γάρ σοι τοιοῦτον οἰκητήριον, φησὶν ὁ Διογένης, τοῦ θέρους, οἷον ἐμοὶ ὁ παρθενὼν οὗτος, εὔπνους καὶ πολυτελής;" εἰ ταῦτα λέγοι ἡ Πενία, τί ἂν ἔχοις ἀντειπεῖν; ἐγὼ μὲν γὰρ ἂν δοκῶ ἄφωνος γενέσθαι.

ἐφ' ἱερὸν καθ.: *dort war er vor dem Zugriff seines Herren geschützt* • ἡ ἀπο|φορά die Leihgebühr, *die der vermietete Sklave seinem Herrn regelmäßig* (εὐτάκτως) *abzuliefern hatte* **(§ 4)** ἐγ|καλέω Vorwürfe machen • στερίσκω = στερέω • μεστός voll • τὸ λάχανον Kraut, Gemüse • ἡ κρήνη Brunnen • ἡ εὐνή Lager • ὁπόση γῆ *erg.* ἐστίν • ἡ στρώμνη Decke, Polster • τὸ φύλλον Blatt **(§ 5)** τὸ γρᾴδιον altes Mütterchen (*Demin. zu* ἡ γραῖα) • ἡ φυστή Gerstenbrot • τερετίζω trällern, vergnügt summen • τὸ ὄψον Beilage *zum einfachen Brot* • ἀ|δάπανον καὶ ἀ|τρύφερον ohne Aufwand und Luxus • πεινάω τι nach etw. hungern • ὁ πλακοῦς Kuchen • Χῖον *erg.* οἶνον • προῖκα umsonst • τὸ βαλανεῖον Bad • εὔ|πνους luftig • ἄ|φωνος stumm

6 Ein Spottepigramm auf einen Kyniker

(um Chr. Geb.)

T 34 Αἰάζει πήρη τε καὶ Ἡράκλειον ἄριστον
βριθὺ Σινωπίτου Διογένευς ῥόπαλον
καὶ τὸ χύδην ῥυπόεντι πίνῳ πεπαλαγμένον ἔσθος
διπλάδιον, κρυερῶν ἀντίπαλον νιφάδων,
ὅττι τεοῖς ὤμοισι μιαίνεται· ἦ γὰρ ὁ μέν που
οὐράνιος, σὺ δ' ἔφυς οὐν σποδιῇσι κύων.
ἀλλὰ μέθες, μέθες ὅπλα τὰ μὴ σέθεν· ἄλλο λεόντων,
ἄλλο γενειητῶν ἔργον ὄρωρε τράγων.

Ἡράκλειον: *Schon Antisthenes hatte das an Mühen reiche Leben des Herakles als Vorbild gerühmt (vgl. T 13), Diogenes dann seinen eigenen Kampf um die Freiheit von allen Zwängen mit den Kämpfen des Herakles verglichen und wohl auch schon selbst seinen Stock und seinen Tribon (vgl. T 21) in Parallele zu dessen Keule und Löwenfell gesetzt.* • οὐράνιος *nimmt Bezug auf Verse des kynischen Dichters Kerkidas (2. H. d. 3. Jhs.), in denen dieser von Diogenes gesagt hatte, er sei „in Wahrheit ein Sproß des Zeus und ein himmlischer Hund".*

Es jammern der Ranzen und der edle wuchtige herakleische Knüppel des Diogenes von Sinope (3) und der reichlich mit schmutzigem Dreck bespritzte doppelte Mantel, der Widersacher schaurigen Schneegestöbers, darüber, (5) daß sie von deinen Schultern befleckt werden. Jener wurde nämlich als ein himmlischer Hund geboren, du dagegen als der Hund in der Asche. (7) Also leg ab, leg ab eine Ausrüstung, die dir nicht zusteht. Eines ist die Sache der Löwen, ein anderes die der bärtigen Ziegenböcke.

7 Der Stoiker Epiktet

(ca. 50–ca. 120 n. Chr.)

Auf die Frage, wie es denn möglich sei, als Kyniker in völliger Armut und Bedürfnislosigkeit ein glückliches Leben zu führen, antwortet Epiktet mit dem Hinweis auf das Beispiel des Diogenes von Sinope und läßt diesen seine in jeder Hinsicht uneingeschränkte Freiheit preisen.

T 35 Καὶ πῶς ἐνδέχεται μηδὲν ἔχοντα, γυμνόν, ἄοικον, ἀνέστιον, αὐχμῶντα, ἄδουλον, ἄπολιν διεξάγειν εὐρόως; – ἰδοὺ ἀπέσταλκεν ὑμῖν ὁ θεὸς τὸν δείξοντα ἔργῳ, ὅτι ἐνδέχεται. „Ἴδετέ με, ἄοικός εἰμι, ἄπολις, ἀκτήμων, ἄδουλος· χαμαὶ κοιμῶμαι· οὐ γυνή, οὐ παιδία, οὐ πραιτωρίδιον, ἀλλὰ γῆ μόνον καὶ οὐρανὸς καὶ ἓν τριβωνάριον. καὶ τί μοι λείπει; οὔκ εἰμι ἄλυπος, οὔκ εἰμι ἄφοβος, οὔκ εἰμι ἐλεύθερος; πότε ὑμῶν εἶδέν μέ τις ἐν ὀρέξει ἀποτυγχάνοντα, πότ' ἐν ἐκκλίσει περιπίπτοντα; πότ' ἐμεμψάμην ἢ θεὸν ἢ ἄνθρωπον, πότ' ἐνεκάλεσά τινι; μή τις ὑμῶν ἐσκυθρωπακότα με εἶδεν; πῶς δ' ἐντυγχάνω τούτοις, οὓς ὑμεῖς φοβεῖσθε καὶ θαυμάζετε; οὐχ ὡς ἀνδραπόδοις; τίς με ἰδὼν οὐχὶ τὸν βασιλέα τὸν ἑαυτοῦ ὁρᾶν οἴεται καὶ δεσπότην;"

ἐνδέχεται es ist möglich • ἀν|έστιος ohne Herd • αὐχμάω schmutzig sein • εὐ|ρόως schön fließend, glücklich • ἰδού siehe • τὸν δείξοντα: *Diogenes* • ἀ|κτήμων ohne Besitz • χαμαί auf dem Boden • οὐ γυνή *erg.* ἐστί μοι • πραιτωρίδιον *Demin. zu* πραιτώριον: praetorium, *Palast eines Prätors* • τριβωνάριον *Demin. zu* τρίβων *(s. T 21 § 22)* • λείπω fehlen • ἡ ὄρεξις Begehren • ἀπο|τυγχάνω (das Ziel) verfehlen • ἡ ἔκ|κλισις Vermeiden • περι|πίπτω in etw. hineingeraten • ἐγ|καλέω Vorwürfe machen • σκυθρ|ωπάζω mürrisch dreinblicken

(πότε ὑμῶν ...: Angespielt wird auf die stoische Lehre, daß der Weise stets nur das erstreben bzw. meiden wird, was voll und ganz in seiner Macht ist, und das ist das sittlichgute bzw. verwerfliche Handeln: Soviel Gewalt man seinem Körper auch antun mag, niemand und nichts wird ihn daran hindern können, immer nur das Sittlichgute zu tun und das Verwerfliche zu meiden.)

8 Dion Chrysostomos

(ca. 50–ca. 120 n. Chr.)

Dion von Prusa in Bithynien, der wegen seiner Redegewandtheit den Ehrennamen Chrysostomos, Goldmund, erhielt, hatte schon in jungen Jahren als Redner in Rom große Berühmtheit erlangt, als er im Jahre 82 von dem Kaiser Domitian aus politischen Gründen aus Rom und Bithynien verbannt wurde. 14 Jahre lang zog er daraufhin als Wanderprediger durch die Welt. Während dieser Zeit entstanden seine Diogenes-Reden, denen die beiden folgenden Texte entnommen sind. Später gelangte er zu großem Ansehen in seiner Heimatstadt und (unter Trajan) am kaiserlichen Hof in Rom.

T 36 (4) Ἐπεὶ ἀπέθανεν ὁ Ἀντισθένης, ὡς τῶν ἄλλων οὐδένα ἡγεῖτο συνουσίας ἄξιον, μετέβη εἰς Κόρινθον κἀκεῖ διῆγεν οὔτε οἰκίαν μισθωσάμενος οὔτε παρὰ ξένῳ τινὶ καταγόμενος, ἀλλ' ἐν τῷ Κρανείῳ θυραυλῶν. (5) ἑώρα γὰρ ὅτι πλεῖστοι ἄνθρωποι ἐκεῖ συνίασι διὰ τοὺς λιμένας καὶ τὰς ἑταίρας, καὶ ὅτι ἡ πόλις ὥσπερ ἐν τριόδῳ τῆς Ἑλλάδος ἔκειτο. δεῖν οὖν τὸν φρόνιμον

(§ 4) τῶν ἄλλων *erg.* Σωκρατικῶν *(vgl. T 20)* • ἡγεῖτο: Διογένης • μετα|βαίνω übersiedeln • μισθόομαι mieten • κατ|άγομαι einkehren • τὸ Κράνειον *Gymnasion bei Korinth* • θυρ|αυλέω unter freiem Himmel leben **(§ 5)** ἡ ἑταίρα Gefährtin, Freudenmädchen • ἡ τρί|οδος Dreiweg, Weggabelung

ἄνδρα, ὥσπερ τὸν ἀγαθὸν ἰατρόν, ὅπου πλεῖστοι κάμνουσιν, ἐκεῖσε ἰέναι βοηθήσοντα, οὕτως ὅπου πλεῖστοί εἰσιν ἄφρονες, ἐκεῖ μάλιστα ἐπιδημεῖν ἐξελέγχοντα καὶ κολάζοντα τὴν ἄνοιαν αὐτῶν.

(6) Ἐπεὶ δὲ ἧκεν ὁ τῶν Ἰσθμίων χρόνος καὶ πάντες ἦσαν ἐν Ἰσθμῷ, κατέβη καὶ αὐτός. εἰώθει γὰρ ἐπισκοπεῖν ἐν ταῖς πανηγύρεσι τὰς σπουδὰς τῶν ἀνθρώπων καὶ τὰς ἐπιθυμίας καὶ ὧν ἕνεκα ἀποδημοῦσι καὶ ἐπὶ τίσι μέγα φρονοῦσι. (7) παρέσχε δὲ καὶ αὑτὸν τῷ βουλομένῳ ἐντυγχάνειν καὶ ἔλεγε θαυμάζειν, ὅτι, εἰ μὲν ἔφη ὀδόντας ἰᾶσθαι, πάντες ἂν αὐτῷ προσῆσαν οἱ δεόμενοι ὀδόντα ἐξελέσθαι, καὶ νὴ Δία εἰ ὑπέσχετο ὀφθαλμοὺς θεραπεύειν, πάντες ἂν οἱ ὀφθαλμιῶντες αὐτοὺς ἐπεδείκνυον· (8) ἐπεὶ δὲ ἔφη παύσειν τοὺς πεισομένους αὐτῷ ἀγνοίας καὶ πονηρίας καὶ ἀκολασίας, οὐδεὶς αὐτῷ προσεῖχεν οὐδὲ ἐκέλευεν ἰᾶσθαι αὐτόν, οὐδὲ εἰ πολὺ προσλήψεσθαι ἀργύριον ἔμελλεν, ὡς ἧττον ὑπὸ τούτων ἢ ὑπ' ἐκείνων ἐνοχλούμενος ἢ χαλεπώτερον ἀνθρώπῳ ἀνέχεσθαι διεφθαρμένου ὀδόντος ἢ ψυχῆς ἄφρονος καὶ ἀμαθοῦς καὶ δειλῆς καὶ θρασείας καὶ φιληδόνου καὶ ἀνελευθέρου καὶ πανούργου καὶ πάντα τρόπον διεφθαρμένης.

(11) Πυθομένου δέ τινος, εἰ καὶ αὐτὸς, ἥκοι τὸν ἀγῶνα θεασόμενος, „οὐκ“ ἔφη „ἀλλ' ἀγωνιούμενος.“ καὶ ὃς ἐγέλασέ τε καὶ ἤρετο αὐτόν, τίνας ἔχοι τοὺς ἀνταγωνιστάς. (12) ὁ δὲ ὥσπερ εἰώθει ὑποβλέψας, „τοὺς χαλεπωτάτους“ εἶπε „καὶ ἀμαχωτάτους, οἷς οὐδεὶς δύναται ἀντιβλέψαι τῶν Ἑλλήνων, οὐ μέντοι διατρέχοντας ἢ παλαίοντας ἢ διαπηδῶντας οὐδὲ πυκτεύοντας καὶ ἀκοντίζοντας καὶ δισκεύοντας, ἀλλὰ τοὺς σωφρονίζοντας.“ (13) „τίνας μήν;“ ἤρετο. „τοὺς πόνους“ ἔφη „μάλα ἰσχυρούς τε καὶ ἀνικήτους ὑπὸ ἀνθρώπων ἐμπεπλησμένων καὶ τετυφωμένων καὶ τὰς μὲν ἡμέρας ὅλας ἐσθιόντων, ἐν δὲ ταῖς νυξὶ ῥεγχόντων, ὑπὸ δὲ ἀνδρῶν ἡττωμένους λεπτῶν τε καὶ ἀσάρκων. [...]

(15) ὁ δὲ ἀνὴρ ὁ γενναῖος ἡγεῖται τοὺς πόνους ἀνταγωνιστὰς μεγίστους καὶ τούτοις ἀεὶ φιλεῖ μάχεσθαι καὶ τὴν νύκτα καὶ τὴν ἡμέραν, οὐχ ὑπὲρ σελίνου*, ὥσπερ αἱ αἶγες, οὐδὲ κοτίνου καὶ πίτυος, ἀλλὰ ὑπὲρ εὐδαιμονίας καὶ ἀρετῆς παρὰ πάντα τὸν βίον, οὐχ ὅταν

δεῖν οὖν ... αὐτῶν: *Übergang in die indir. Rede (vgl. §§ 15–16 u. 21)* • ἐπι|δημέω sich (im Lande) aufhalten • ἡ ἄ|νοια Unverstand

(§ 6) τὰ Ἴσθμια die *sportlichen und musischen (vgl. § 26)* Spiele am Isthmos *von Korinth* • ἡ παν|ήγυρις Festversammlung • ἀπο|δημέω außer Landes gehen, verreisen • μέγα φρονέω ἐπί τινι stolz sein auf etw. **(§ 7)** ὁ ὀδούς Zahn • ἰάομαι heilen • ὁ ὀφθαλμός Auge • ὀφθαλμιάω an einer Augenkrankheit leiden

(§ 8) ἐπεί ... διεφθαρμένης: *Weiterführung des* ὅτι-*Satzes* • ἡ ἄ|γνοια Unwissenheit • προσεῖχεν *erg.* τὸν νοῦν • ὡς ... ἐνοχλούμενος: *als Subj. zu* ἐνοχλ. *ist aus dem vorangehenden* οὐδείς *ein positives „er“ oder „man“ zu entnehmen; also:* als ob er (man) weniger belästigt würde ... • χαλεπώτερον *erg.* ὄν: *Übergang in den akk. abs.* • ἀ|μαθής unwissend • θρασύς dreist, frech • φιλ|ήδονος vergnügungssüchtig

(§ 12) ὑπο|βλέπω von der Seite her anblicken • ἄ|μαχος schwer zu bezwingen • παλαίω ringen • δια|πηδάω weitspringen • πυκτεύω boxen • ἀκοντίζω den Speer werfen • δισκεύω den Diskus werfen • σωφρονίζω zur σωφροσύνη verhelfen **(§ 13)** ἀ|νίκητος unbesiegbar • τετυφωμένος eingebildet • ῥέγχω schnarchen • ἄ|σαρκος fleischlos, mager

(§ 15) τὸ σέλινον Sellerie • ἡ αἶξ Ziege • ὁ κότινος wilder Ölbaum • ἡ πίτυς Fichte • αὐτῶν *d. h.* τούτων τῶν ἀνταγωνιστῶν

* οὐχ ὑπὲρ σελ. ...: Die Sieger bei den isthmischen Spielen erhielten als Preis einen Kranz aus Fichtenzweigen, zeitweilig auch aus Sellerieblättern, die bei den olympischen Spielen einen Kranz vom wilden Ölbaum.

Ἠλεῖοι** προείπωσιν ἢ Κορίνθιοι ἢ τὸ κοινὸν Θετταλῶν, μηδένα αὐτῶν φοβούμενον μηδὲ εὐχόμενον ἄλλῳ λαχεῖν, ἀλλὰ προκαλούμενον ἐφεξῆς ἅπαντας, (16) καὶ λιμῷ φιλονεικοῦντα καὶ ψύχει καὶ δίψος ὑπομένοντα, κἂν δέῃ μαστιγούμενον καρτερεῖν· πενίαν δὲ καὶ φυγὴν καὶ ἀδοξίαν καὶ τὰ τοιαῦτα μηδὲν ἡγεῖσθαι δεινὸν αὐτῷ, ἀλλὰ πάνυ κοῦφα, καὶ πολλάκις παίζειν ἐν αὐτοῖς τὸν ἄνδρα τὸν τέλειον, ὥσπερ οἱ παῖδες τοῖς ἀστραγάλοις καὶ ταῖς σφαίραις ταῖς ποικίλαις. [...]

μηδ. φοβούμενον ... (εἶναι) *bis § 16 Ende: Übergang in die indir. Rede (vgl. § 5)* • λαγχάνω τινί jmdm. zugelost werden • ἐφ|εξῆς der Reihe nach **(§ 16)** ὁ λιμός Hunger • φιλο|νεικέω kämpfen • τὸ ψῦχος Kälte • τὸ δίψος Durst • μαστιγόω peitschen • ἡ ἀ|δοξία fehlendes Ansehen • ὁ ἀστράγαλος Würfel • ἡ σφαίρα Ball

(20) Ἑτέρα δὲ δεινοτέρα μάχη καὶ ἀγών ἐστιν οὐ μικρός, ἀλλὰ πολὺ τούτου μείζων καὶ ἐπικινδυνότερος, ὁ πρὸς τὴν ἡδονήν· (21) οὐ γὰρ ἄντικρυς βιάζεσθαι τὴν ἡδονήν, ἀλλ' ἐξαπατᾶν καὶ γοητεύειν δεινοῖς φαρμάκοις, ὥσπερ Ὅμηρός φησι τὴν Κίρκην τοὺς τοῦ Ὀδυσσέως ἑταίρους καταφαρμάξαι κἄπειτα τοὺς μὲν σῦς αὐτῶν, τοὺς δὲ λύκους γενέσθαι, τοὺς δὲ ἄλλ' ἄττα θηρία. τοιοῦτόν ἐστι τὸ χρῆμα τῆς ἡδονῆς, οὐχ ἁπλῶς ἐπιβουλευούσης, ἀλλὰ πάντα τρόπον, διά τε τῆς ὄψεως καὶ ἀκοῆς ἢ ὀσφρήσεως ἢ γεύσεως ἢ ἁφῆς, ἔτι δὲ σιτίοις καὶ ποτοῖς καὶ ἀφροδισίοις διαφθεῖραι πειρωμένης, ὁμοίως μὲν ἐγρηγορότας, ὁμοίως δὲ κοιμωμένους. (22) οὐδὲ γὰρ ὥσπερ πρὸς τοὺς πολεμίους ἔστι φυλακὰς καταστήσαντας καθεύδειν, ἀλλὰ μάλιστα δὴ πάντων τότε ἐπιτίθεται, τὰ μὲν αὐτῷ τῷ ὕπνῳ μαραίνουσα καὶ δουλουμένη, τὰ δὲ ἐπιπέμπουσα ὀνείρατα πανοῦργα καὶ ἐπίβουλα, ἀναμιμνῄσκοντα αὐτῆς. [...] (26) τοῦτον δὴ τὸν ἀγῶνα ἐμοὶ καρτεροῦντι καὶ παραβαλλομένῳ πρὸς ἡδονὴν καὶ πόνον οὐδεὶς προσέχει τῶν ἀθλίων ἀνθρώπων, ἀλλὰ τοῖς πηδῶσι καὶ τρέχουσι καὶ χορεύουσιν."

(§ 21) οὐ γὰρ ... θηρία: *wiederum Übergang in die indir. Rede* • ἄντικρυς geradeaus, offen • βιάζομαι Gewalt anwenden • γοητεύω bezaubern • κατα|φαρμάσσω bezaubern • ὁ σῦς Schwein • ὁ λύκος Wolf • ἄττα = τινά • ἡ ὄσφρησις Geruch • ἡ γεῦσις Geschmack • ἡ ἁφή Anfassen • τὰ ἀφροδίσια Liebesgenuß

(§ 22) ἔστι = ἔξεστι • ἐπιτίθεται *Subj. ist* ἡ ἡδονή • μαραίνω auslöschen, zugrunde richten (*zu* μαραίνουσα *erg.* τοὺς ἀνθρώπους) • παν|οῦργος trickreich, tückisch • ἐπί|βουλος hinterlistig

(§ 26) τοῦτον τὸν ἀγ. *Akk. d. Beziehung* • παρα|βάλλομαι (sein Leben) aufs Spiel setzen • προσέχει *erg.* τὸν νοῦν • πηδάω springen • χορεύω tanzen

T 37 (21) Ἔλεγε διὰ τὴν μαλακίαν τοὺς ἀνθρώπους ἀθλιώτερον ζῆν θηρίων. (22) ἐκεῖνα γὰρ ὕδατι μὲν ποτῷ χρώμενα, τροφῇ δὲ βοτάνῃ, τὰ πολλὰ δὲ αὐτῶν γυμνὰ ὄντα δι' ἔτους, εἰς οἰκίαν δὲ οὐδέποτε εἰσίοντα, πυρὶ δὲ οὐδὲν χρώμενα, ζῆν μὲν ὁπόσον ἡ φύσις ἑκάστοις ἔταξε χρόνον, ἐὰν μηδεὶς ἀναιρῇ· ἰσχυρὰ δὲ καὶ ὑγιαίνοντα διάγειν ὁμοίως ἅπαντα, δεῖσθαι δὲ μηδὲν ἰατρῶν μηδὲ φαρμάκων. (23) τοὺς δὲ ἀνθρώπους οὕτως μὲν πάνυ φιλοζῴους ὄντας, τοσαῦτα δὲ μηχανωμένους πρὸς ἀναβολὴν τοῦ θανάτου, τοὺς μὲν

(§ 21) Ἔλεγε: *Subj.* Διογένης • **(§ 22)** ἡ τροφή Nahrung • ἡ βοτάνη Pflanze, Grünfutter • οὐδέποτε niemals • ὑγιαίνω gesund sein

(§ 23) φιλό|ζῳος am Leben hängend • ἡ ἀνα|βολή Aufschub • τοὺς μὲν πολλούς *greift* τοὺς ἀνθρώπους *auf*

** οὐχ ὅταν Ἠλ. ...: Die Eleer richteten die Spiele in Olympia, die Korinther die am Isthmos, die Mitglieder der sog. pyläisch-delphischen Amphiktyonie, unter denen der „Bund der Thessaler" eine einflußreiche Rolle spielte, die in Delphi aus.

πολλοὺς αὐτῶν μηδὲ εἰς γῆρας ἀφικνεῖσθαι, ζῆν δὲ νοσημάτων γέμοντας ἃ μηδὲ ὀνομάσαι ῥᾴδιον, τὴν δὲ γῆν αὐτοῖς μὴ ἐξαρκεῖν παρέχουσαν φάρμακα, δεῖσθαι δὲ καὶ σιδήρου καὶ πυρός. (24) καὶ μήτε Χείρωνος μήτε Ἀσκληπιαδῶν ἰωμένων μηδὲν αὐτοῖς ὄφελος εἶναι διὰ τὴν αὐτῶν ἀκολασίαν καὶ πονηρίαν, μηδὲ μάντεων μαντευομένων μηδὲ ἱερέων καθαιρόντων. (25) εἰς δὲ τὰς πόλεις συνελθόντας, ὅπως ὑπὸ τῶν ἔξωθεν μὴ ἀδικῶνται, τοὐναντίον αὑτοὺς ἀδικεῖν καὶ τὰ δεινότατα πάντα ἐργάζεσθαι, ὥσπερ ἐπὶ τούτῳ ξυνεληλυθότας. διὰ ταῦτα δὲ δοκεῖν αὐτῷ καὶ τὸν μῦθον λέγειν ὡς τὸν Προμηθέα κολάζοι ὁ Ζεὺς διὰ τὴν εὕρεσιν καὶ μετάδοσιν τοῦ πυρός, ὡς ἀρχὴν τοῦτο καὶ ἀφορμὴν τοῖς ἀνθρώποις μαλακίας καὶ τρυφῆς· οὐ γὰρ δὴ τὸν Δία μισεῖν τοὺς ἀνθρώπους οὐδὲ φθονεῖν αὐτοῖς ἀγαθοῦ τινος.

γέμω voll sein • σιδ. καὶ πυρός: Schneiden und Brennen *waren die Verfahren der Chirurgen* **(§ 24)** Χείρων *weiser, heilkundiger Kentaur, Lehrer u. a. des Asklepios und des Achilleus* • Ἀσκληπιάδαι Söhne des Heilgottes Asklepios, Ärzte • τὸ ὄφελος Nutzen • καθαίρω (kultisch) reinigen **(§ 25)** τοὐναντίον im Gegenteil • τὸν μῦθον *Subjekts-Akk.* • ἡ εὕρεσις Erfindung • ἡ μετά|δοσις Weitergabe • ἡ ἀφ|ορμή Ausgangspunkt

(26) Ἐπεὶ δὲ ἔλεγόν τινες οὐ δυνατὸν εἶναι ζῆν τὸν ἄνθρωπον ὁμοίως τοῖς ἄλλοις ζῴοις διὰ τὴν ἁπαλότητα τῶν σαρκῶν καὶ διότι ψιλός ἐστιν, οὔτε θριξὶ σκεπόμενος, ὥσπερ τὰ πολλὰ τῶν θηρίων οὔτε πτεροῖς, οὐδὲ δέρμα ἰσχυρὸν ἐπαμπέχεται, (27) πρὸς ταῦτα ἀντέλεγεν οὕτως μὲν σφόδρα ἁπαλοὺς εἶναι διὰ τὴν δίαιταν· φεύγειν μὲν γὰρ ὡς τὸ πολὺ τὸν ἥλιον, φεύγειν δὲ τὸ ψῦχος· τὴν δὲ ψιλότητα τοῦ σώματος μηδὲν ἐνοχλεῖν. ἐπεδείκνυε δὲ τούς τε βατράχους καὶ ἄλλα οὐκ ὀλίγα ζῷα πολὺ μὲν ἁπαλώτερα ἀνθρώπου, πολὺ δὲ ψιλότερα, καὶ ἔνια τούτων ἀνεχόμενα οὐ τὸν ἀέρα μόνον, ἀλλὰ καὶ ἐν τῷ ψυχροτάτῳ ὕδατι ζῆν δυνάμενα τοῦ χειμῶνος.

(§ 26) ἡ ἁπαλότης Zartheit • σκέπω bedecken • ἐπ|αμπ|έχομαί τι sich mit etw. umhüllen

(§ 27) ἁπαλός zart • τὸ ψῦχος Kälte • ἐν|οχλέω belästigen, im Weg stehen • ὁ βάτραχος Frosch • ὁ ἀήρ Luft

(28) ἐπεδείκνυε δὲ τῶν ἀνθρώπων αὐτῶν τούς τε ὀφθαλμοὺς καὶ τὸ πρόσωπον οὐδὲν δεόμενα σκέπης. καθόλου δὲ ἐν μηδενὶ τόπῳ γίγνεσθαι ζῷον, ὃ μὴ δύναται ζῆν ἐν αὐτῷ· ἢ πῶς ἂν ἐσώθησαν οἱ πρῶτοι ἄνθρωποι γενόμενοι, μήτε πυρὸς ὄντος μήτε οἰκιῶν μήτε ἐσθῆτος μήτε ἄλλης τροφῆς ἢ τῆς αὐτομάτου; ἀλλὰ τὴν πανουργίαν τοῖς ὕστερον καὶ τὸ πολλὰ εὑρίσκειν καὶ μηχανᾶσθαι πρὸς τὸν βίον οὐ πάνυ τι συνενεγκεῖν. (29) οὐ γὰρ πρὸς ἀνδρείαν οὐδὲ δικαιοσύνην χρῆσθαι τῇ σοφίᾳ τοὺς ἀνθρώπους, ἀλλὰ πρὸς ἡδονήν· διώκοντας οὖν τὸ ἡδὺ ἐξ ἅπαντος ἀεὶ ζῆν ἀηδέστερον καὶ ἐπιπονώτερον, καὶ δοκοῦντας προμηθεῖσθαι σφῶν αὐτῶν κάκιστα ἀπόλλυσθαι διὰ τὴν πολλὴν ἐπιμέλειάν τε καὶ προμήθειαν. καὶ οὕτως δὴ τὸν Προμηθέα δικαίως λέγεσθαι δεδεμένον ἐν πέτρᾳ κείρεσθαι τὸ ἧπαρ ὑπὸ τοῦ ἀετοῦ.

(§ 28) ὁ ὀφθαλμός Auge • ἡ σκέπη Bedeckung, Schutz • καθ|όλου im allgemeinen, überhaupt • ἡ ἐσθής Kleidung • ἡ τροφή Nahrung • ἡ παν|ουργία Schläue

(§ 29) ἐξ ἅπαντος auf jede Weise • ἐπί|πονος mühevoll • προ|μηθέομαί τινος etw. vorausbedenken, für etw. sorgen • δικαίως *da die Leber als Sitz der* ἐπιθυμίαι galt • κείρω (scheren,) auffressen • τὸ ἧπαρ Leber • ὁ ἀετός Adler

9 Oinomaos von Gadara

(2. Jh. n. Chr.)

Aus der Schrift Γοήτων φώρα, „Aufspürung (= Entlarvung) der Schwindler", in der Oinomaos von Gadara in Palästina den Beweis zu führen suchte, daß das ganze Orakelwesen der Griechen reine Schwindelei sei.
Oinomaos nimmt in dem Text auf eine Geschichte Bezug, die von einem Mann namens Kleomedes erzählt wurde. Dieser habe – so hieß es – bei den Olympischen Spielen des Jahres 496 v. Chr. den Sieg im Faustkampf errungen. Da ihm dieser jedoch nachträglich wegen unerlaubter Kampfweise aberkannt worden sei, sei er wahnsinnig geworden. In seine Heimat zurückgekehrt, habe er sich in eine mit Kindern gefüllte Schule begeben und den Pfeiler, der das Dach trug, umgestürzt, so daß die Kinder unter ihm begraben worden seien. Daraufhin hätten ihn seine Mitbürger steinigen wollen. Er aber habe sich in das Heiligtum der Athene geflüchtet, sei dort in eine Truhe gestiegen und habe deren Deckel so kräftig zugehalten, daß seine Mitbürger ihn nicht hätten öffnen können. Als sie schließlich die Bretter der Truhe aufgebrochen hätten, sei Kleomedes verschwunden gewesen. Um zu erfahren, was mit ihm geschehen sei, hätten sie Boten nach Delphi gesandt, und diese hätten den Orakelspruch heimgebracht, den Oinomaos am Ende von § 2 zitiert.

T 38 Angesprochen ist der Gott Apoll (vgl. § 3). Ὦ εἰδώς ...: Oinomaos zitiert die beiden ersten Verse eines bei Herodot (1, 47, 3) überlieferten Orakelspruches, in dem Apoll von sich selbst sagt: Οἶδα δ' ἐγώ usw.

(2) Ὦ εἰδὼς ψάμμου τ' ἀριθμὸν καὶ μέτρα θαλάσσης,
καὶ κωφοῦ ξυνιεὶς καὶ μὴ λαλέοντος ἀκούων,

εἴθε ὤφελες τὰ μὲν τοιαῦτα πάντα ἀγνοεῖν, ἐκεῖνο δὲ εἰδέναι, ὅτι ἡ πυκτικὴ τῆς λακτικῆς οὐδὲν διαφέρει, ἵν' ἢ καὶ τοὺς ὄνους ἀπηθανάτους ἢ μηδὲ Κλεομήδην πύκτην Ἀστυπαλαιέα λέγων οὕτως·

ὕστατος ἡρώων Κλεομήδης Ἀστυπαλαιεύς,
ὃν θυσίαις τιμᾶσθ' ὡς οὐκέτι θνητὸν ἐόντα.

(3) διὰ τί γάρ, ὦ πάτριε τῶν Ἑλλήνων ἐξηγητά, ὥς σε καλεῖ Πλάτων, ἐθέωσας τὸν ἄνδρα τοῦτον; ἢ ὅτι Ὀλυμπίασι πληγῇ μιᾷ πατάξας τὸν ἀνταγωνιστὴν ἀνέῳξέ τε τὴν πλευρὰν αὐτοῦ καὶ ἐμβαλὼν τὴν χεῖρα ἐλάβετο τοῦ πνεύμονος (Ἄπολλον, ἀξιοθέου ἔργου); (4) ἢ οὐ μόνον, ἀλλὰ καὶ ὅτι προστιμηθεὶς τεσσάρων ταλάντων ζημίαν ἐπὶ τούτῳ οὐχ ὑπέστη, ἀλλ' ὑπ' ἀχθηδόνος καὶ βαρυθυμίας ἐνήρεισε τὸν θυμὸν τοῖς ἐν τῷ διδασκαλείῳ παισίν, τὸν κίονα ὑφελκύσας, ὃς ἀνεῖχε τὴν στέγην; ἆρ', ὦ θεοποιέ, διὰ ταῦθ' ἡμῖν ὁ Κλεομήδης τιμητέος ἐστίν; (5) ἢ κἀκεῖνο προσθήσεις, τὸ ἕτερον δεῖγμα τῆς ἐκείνου ἀνδρείας ἅμα καὶ θεοφιλίας, ὅτι δὴ ἐμβὰς εἰς ἱερὸν κιβώτιον καὶ τὸ πῶμα ἐπαγαγόμενος ἄληπτος ἐγένετο τοῖς διώκουσι,

(§ 2) ἡ ψάμμος Sand • κωφός stumm • λαλέω reden • εἴθε ὤφελες ... *unerfüllbar gedachter Wunsch:* Wüßtest du doch alles derartige nicht ...! • ἡ πυκτική, ὁ πύκτης Boxkunst, Boxer • ἡ λακτική die Kunst, (mit den Beinen) auszuschlagen • ὁ ὄνος Esel • ἀπ|αθανατόω unsterblich machen (ἀπηθανάτους: *Modus des Hauptsatzes, 'Modusassimilation'*) • Ἀστυπαλαιεύς von Astypalaia • ὕστατος letzter • τιμᾶσθε = τιμᾶτε • ἐόντα = ὄντα
(§ 3) ὁ ἐξ|ηγητής Deuter • Πλάτων *im ,Staat' (427c)* • θεόω zum Gott machen • Ὀλυμπίασι in Olympia • πατάσσω schlagen • ἡ πλευρά Seite, Flanke • λαμβάνομαί τινος etw. anfassen • ὁ πνεύμων Lunge • ἀξιό|θεος eines Gottes würdig **(§ 4)** προσ|τιμάω ... ζημίαν zu einer zusätzlichen Strafe verurteilen • ἡ ἀχθηδών Kränkung • ἡ βαρυ|θυμία Niedergeschlagenheit • ἐν|ερείδω τὸν θυμόν τινι s. Zorn gegen etw. richten • τὸ διδασκαλεῖον Schule • ὁ κίων Pfeiler • ἀν|έχω hochhalten • ἡ στέγη Dach • ὁ θεο|ποιός Göttermacher **(§ 5)** τὸ δεῖγμα Beweis • ἡ θεο|φιλία Beliebtheit bei den Göttern • τὸ κιβώτιον Truhe • τὸ πῶμα Deckel • ἄ|ληπτος nicht faßbar

πειρωμένοις αὐτὸν ἐξελκύσαι; ὦ Κλεόμηδες, ἆρα ἥρως οὐκέτι θνητός; οἷα τὰ μηχανήματα ὑπὲρ ἀθανασίας ἐξεῦρες.

(6) ᾔσθοντο γοῦν εὐθέως οἱ θεοὶ τῆς ἀγαθουργίας καὶ ἀνηρείψαντό σε, ὥσπερ οἱ τοῦ Ὁμήρου τὸν Γανυμήδην*· ἀλλὰ τὸν μὲν ἐπὶ τῷ κάλλει, σὲ δὲ ἐπὶ τῇ ἰσχύϊ καὶ τῆς ἰσχύος τῇ χρήσει τῇ ἀγαθῇ. (7) εἶθ' οὖν, ὡς ἔφην, ὦ μάντι, ἐάσας τὴν ψάμμον καὶ τὴν ἅλμην ἀντ' αὐτῶν ἐξέμαθες, ὁπόσου ἄξιόν ἐστιν ἡ πυκτική, ἵνα καὶ τοὺς πύκτας ὄνους θεοὺς ἐνόμιζες καὶ τοὺς ὀνάγρους τῶν θεῶν τοὺς ἀρίστους· καὶ ἦν ἄν τι οἰκεῖον λόγιον ἐπ' ἀποθανόντι ὀνάγρῳ μᾶλλον ἢ ἐπὶ τῷ σῷ πύκτῃ·

ἔξοχος ἀθανάτων ὄνος ἄγριος, οὐ Κλεομήδης,
ὃν θυσίαις τιμᾶσθ' ὡς οὐκέτι θνητὸν ἐόντα.

οἷα ... *Ausruf:* Was für ...! • τὸ μηχάνημα Trick

(§ 6) ἡ ἀγαθουργία vortreffliches Handeln • ἀν|ερείπομαι durch die Luft entführen • οἱ τοῦ Ὁμ. erg. θεοί • τὸ κάλλος Schönheit • ἡ χρῆσις Gebrauch **(§ 7)** ἡ ἅλμη Salzflut, Meer • πύκτης *hier adj.* boxend • ἐνόμιζες *Modusass. wie § 2* • ὁ ὄν|αγρος Wildesel • ἦν ἄν es gäbe dann • τὸ λόγιον (Orakel)Spruch • ἔξ|οχος ἀθανάτων herausgehoben unter den Göttern

* *vgl. Ilias 20, 232–5:* „... Ganymedes, der der Schönste war unter den sterblichen Menschen. Ihn entführten denn auch die Götter, auf daß er dem Zeus als Mundschenk diene, seiner Schönheit wegen ..."

10 Peregrinus Proteus

(gest. 165 n. Chr.)

Das Bild, das die Zeitgenossen von Peregrinus Proteus gezeichnet haben, ist äußerst widersprüchlich: durch und durch positiv bei dem Römer Gellius (T 39), vernichtend bei dem Satiriker Lukian (T 40), der die spektakuläre Selbstverbrennung, die Peregrinus bei den Olympischen Spielen des Jahres 165 vollzog, zum Anlaß nahm, sein Leben als eine nicht abreißende Kette sich immer mehr steigernder und schließlich in der Selbstverbrennung gipfelnder Versuche darzustellen, durch Scharlatanerien vielfältigster Art den Eindruck zu erwecken, ein bewundernswürdiger Weiser und Asket zu sein.

T 39 Philosophum nomine Peregrinum, cui postea cognomentum Proteus factum est, virum gravem atque constantem, vidimus, cum Athenis essemus, deversantem in quodam tugurio extra urbem. Cumque ad eum frequenter ventitaremus, multa hercle dicere eum utiliter et honeste audivimus. In quibus id fuit, quod praecipuum auditu meminimus. Virum quidem sapientem non peccaturum esse dicebat, etiamsi peccasse eum dii atque homines ignoraturi forent. Non enim poenae aut infamiae metu non esse peccandum censebat, sed iusti honestique studio et officio.

Als ich in Athen war, lernte ich einen Philosophen namens Peregrinus kennen, dem man später den Beinamen Proteus gab, einen ernsten und charakterfesten Mann, der außerhalb der Stadt in einer Art Hütte logierte. Da ich ihn häufig aufsuchte, hörte ich von ihm wahrhaftig viele der sittlichen Bildung dienliche Äußerungen. Darunter befand sich auch die folgende, die ich als besonders hörenswert in Erinnerung habe: Er pflegte zu sagen, ein weiser Mann werde auch dann keine Verfehlungen begehen, wenn Götter und Menschen nichts davon erführen, daß er Verfehlungen begangen habe. Er war nämlich der Meinung, man dürfe nicht etwa nur aus Furcht vor Strafe und Schande keine Verfehlungen begehen, sondern allein schon aufgrund der Liebe und der sittlichen Verpflichtung zum Gerechten und Guten.

T 40 (1) Ὁ κακοδαίμων Περεγρῖνος ἤ, ὡς αὐτὸς ἔχαιρεν ὀνομάζων ἑαυτόν, Πρωτεὺς αὐτὸ δὴ ἐκεῖνο τὸ τοῦ Ὁμηρικοῦ Πρωτέως* ἔπαθεν· ἅπαντα γὰρ δόξης ἕνεκα γενόμενος καὶ μυρίας τροπὰς τραπόμενος, τὰ τελευταῖα ταῦτα καὶ πῦρ ἐγένετο· τοσούτῳ ἄρα τῷ ἔρωτι τῆς δόξης εἴχετο. [...]

(**§ 1**) τροπὰς τρέπομαι Wandlungen vollziehen • τὰ τελ. ταῦτα *adverb.* • ἔχομαί τινι von etw. festgehalten werden, von etw. besessen sein

(11) Ὅτεπερ καὶ τὴν θαυμαστὴν σοφίαν τῶν Χριστιανῶν ἐξέμαθεν, περὶ τὴν Παλαιστίνην τοῖς ἱερεῦσιν καὶ γραμματεῦσιν αὐτῶν ξυγγενόμενος. καὶ τί γάρ; ἐν βραχεῖ παῖδας αὐτοὺς ἀπέφηνε, προφήτης καὶ θιασάρχης καὶ ξυναγωγεὺς καὶ πάντα μόνος αὐτὸς ὤν, καὶ τῶν βίβλων τὰς μὲν ἐξηγεῖτο καὶ διεσάφει, πολλὰς δὲ αὐτὸς καὶ συνέγραφεν, καὶ ὡς θεὸν αὐτῶν ἐκεῖνοι ᾐδοῦντο καὶ νομοθέτῃ ἐχρῶντο καὶ προστάτην ἐπεγράφοντο, μετὰ γοῦν ἐκεῖνον, ὃν ἔτι σέβουσι, τὸν ἄνθρωπον τὸν ἐν τῇ Παλαιστίνῃ ἀνασκολοπισθέντα, ὅτι καινὴν ταύτην τελετὴν εἰσῆγεν ἐπὶ τὸν βίον. (12) τότε δὴ καὶ συλληφθεὶς ἐπὶ τούτῳ ὁ Πρωτεὺς ἐνέπεσεν εἰς τὸ δεσμωτήριον, ὅπερ καὶ αὐτὸ οὐ μικρὸν αὐτῷ ἀξίωμα περιεποίησεν πρὸς τὸν ἑξῆς βίον καὶ τὴν τερατείαν καὶ δοξοκοπίαν, ὧν ἐρῶν ἐτύγχανεν. ἐπεὶ δ᾽ οὖν ἐδέδετο, οἱ Χριστιανοὶ συμφορὰν ποιούμενοι τὸ πρᾶγμα πάντα ἐκίνουν ἐξαρπάσαι πειρώμενοι αὐτόν. εἶτ᾽, ἐπεὶ τοῦτο ἦν ἀδύνατον, ἥ γε ἄλλη θεραπεία πᾶσα οὐ παρέργως ἀλλὰ ξὺν σπουδῇ ἐγίγνετο· καὶ ἕωθεν μὲν εὐθὺς ἦν ὁρᾶν παρὰ τῷ δεσμωτηρίῳ περιμένοντα γραΐδια, χήρας τινὰς καὶ παιδία ὀρφανά, οἱ δὲ ἐν τέλει αὐτῶν καὶ συνεκάθευδον ἔνδον μετ᾽ αὐτοῦ διαφθείραντες τοὺς δεσμοφύλακας. εἶτα δεῖπνα ποικίλα εἰσεκομίζετο καὶ λόγοι ἱεροὶ αὐτῶν ἐλέγοντο, καὶ ὁ βέλτιστος Περεγρῖνος – ἔτι γὰρ τοῦτο ἐκαλεῖτο – καινὸς Σωκράτης ὑπ᾽ αὐτῶν ὠνομάζετο. [...]

(**§ 11**) ὅτεπερ damals • ὁ γραμματεύς Schriftgelehrter • ἀπο|φαίνω erscheinen lassen als • θιασ|άρχης Anführer *bei den Kulthandlungen* • συν|αγωγεύς Versammlungsleiter • ἡ βίβλος Buch • δια|σαφέω verdeutlichen, auslegen • νομο|θέτης Gesetzgeber • προστάτην ...: „Sie machten ihn zu ihrem Schirmherrn, an zweiter Stelle jedenfalls nach jenem, der ..." • ἀνα|σκολοπίζω kreuzigen • ἡ τελετή Weihe, Kult

(**§ 12**) τὸ δεσμωτήριον Gefängnis • ὅπερ *meint den ganzen vorangehenden Satz* • τὸ ἀξίωμα Geltung, Ansehen • ὁ ἑξῆς βίος das weitere Leben • ἡ τερατεία Schwindelei, Scharlatanerie • ἡ δοξο|κοπία Ruhmsucht • ἡ θεραπεία Pflege • παρ|έργως nebenbei • ἕωθεν frühmorgens • τὸ γραΐδιον altes Mütterchen • ἡ χήρα Witwe • ὀρφανός verwaist • οἱ ἐν τέλει αὐτῶν (τῶν Χριστιανῶν) ihre Amtsträger • ὁ δεσμο|φύλαξ Gefängniswärter • ἐλέγοντο wurden aufgesagt

(17) Τρίτη ἀποδημία εἰς Αἴγυπτον παρὰ τὸν Ἀγαθόβουλον, ἵναπερ τὴν θαυμαστὴν ἄσκησιν διησκεῖτο, ξυρόμενος μὲν τῆς κεφαλῆς τὸ ἥμισυ, χριόμενος δὲ πηλῷ τὸ πρόσωπον, ἐν πολλῷ δὲ τῶν περιεστώτων δήμῳ ἀναφλῶν τὸ αἰδοῖον, εἶτα παίων καὶ παιόμενος νάρθηκι εἰς τὰς πυγὰς καὶ ἄλλα πολλὰ νεανικώτερα θαυματοποιῶν. (18) ἐκεῖθεν δὲ οὕτω παρεσκευασμένος ἐπὶ Ἰταλίας ἔπλευσεν καὶ ἀποβὰς τῆς νεὼς

(**§ 17**) ἡ ἀπο|δημία Aufenthalt außer Landes • Ἀγαθόβουλος *namhafter kynischer Philosoph* • ἵναπερ *mit Ind.* wo • ἄσκησιν δι|ασκέομαι ein (asketisches) Leben einüben • ξύρω scheren • χρίω bestreichen • ὁ πηλός Lehm • ἀνα|φλάω durch Reiben aufrichten • τὸ αἰδοῖον Geschlechtsteil *(schon Diogenes soll in der Öffentlichkeit onaniert haben)* • παίω schlagen • ὁ νάρθηξ (Narthex) Rute • ἡ πυγή Hintern • νεανικός übermütig • θαυματο|ποιέω Hokuspokus machen

* *Bezugnahme auf Od. 4, 417/8, wo es heißt, der Meeresgott Proteus könne* „sich in alles verwandeln, was Kriechendes auf der Erde lebt, und in Wasser und brennendes Feuer".

εὐθὺς ἐλοιδορεῖτο πᾶσι, καὶ μάλιστα τῷ βασιλεῖ, πραότατον αὐτὸν καὶ ἡμερώτατον εἰδώς, ὥστε ἀσφαλῶς ἐτόλμα· ἐκείνῳ γάρ, ὡς εἰκός, ὀλίγον ἔμελεν τῶν βλασφημιῶν καὶ οὐκ ἠξίου τὴν φιλοσοφίαν ὑποδυόμενόν τινα κολάζειν ἐπὶ ῥήμασι καὶ μάλιστα τέχνην τινὰ τὸ λοιδορεῖσθαι πεποιημένον. τούτῳ δὲ καὶ ἀπὸ τούτων τὰ τῆς δόξης ηὐξάνετο, παρὰ γοῦν τοῖς ἰδιώταις, καὶ περίβλεπτος ἦν ἐπὶ τῇ ἀπονοίᾳ, μέχρι δὴ ὁ τὴν πόλιν ἐπιτετραμμένος ἀνὴρ σοφὸς ἀπέπεμψεν αὐτὸν ἀμέτρως ἐντρυφῶντα τῷ πράγματι, εἰπὼν μὴ δεῖσθαι τὴν πόλιν τοιούτου φιλοσόφου. πλὴν ἀλλὰ καὶ τοῦτο κλεινὸν αὐτοῦ καὶ διὰ στόματος ἦν ἅπασιν, ὁ φιλόσοφος διὰ τὴν παρρησίαν καὶ τὴν ἄγαν ἐλευθερίαν ἐξελασθείς.

(**§ 18**) λοιδορέομαί τινι j. beschimpfen • βασιλεῖ *Antoninus Pius* • πρᾶος milde • ἥμερος sanft • ἡ βλασφημία Lästerung • οὐκ ἠξίου ... „er hielt es für seiner unwürdig, jemanden, der sich den Mantel der Philosophie umhängte, (allein) wegen seiner Worte zu bestrafen, und ganz besonders jemanden, der das Schimpfen zu seinem Handwerk gemacht hatte." • τούτῳ: τῷ Περεγρίνῳ • τὰ τῆς δόξης = ἡ δόξα • περί|βλεπτος berühmt • ἡ ἀπό|νοια Tollheit • ὁ τὴν πόλιν ἐπιτετρ. der mit der Verwaltung der Stadt betraute Beamte, der Präfekt • ἀ|μέτρως maßlos • ἐν|τρυφάω τινί seinen Spaß an etw. haben • πλὴν ἀλλά ... „gleichwohl trug auch das zu seinem Ruhm bei und war in aller Munde: der Philosoph, der ..." • ἡ παρρησία Freimütigkeit

11 Kaiser Julian (Apostata)

(331–363 n. Chr.)

Julian unternahm während seiner Regierungszeit (361–363) den aussichtslosen Versuch, der seit Konstantin I. ständig zunehmenden Ausbreitung des Christentums Einhalt zu gebieten und den alten heidnischen Göttern zu neuem Leben und neuer Überzeugungskraft zu verhelfen (deshalb sein Beiname „der Abtrünnige"). Der christlichen Religion stellte er die Theologie der heidnischen Philosophen entgegen, wobei er Diogenes von Sinope stark idealisierend zu einem von Gott berufenen Heiligen machte.

T 41 Ἔστω μὴ κατὰ τὸν Οἰνόμαον ὁ κύων ἀναιδὴς μηδὲ ἀναίσχυντος μηδὲ ὑπερόπτης πάντων ὁμοῦ θείων τε καὶ ἀνθρωπίνων, ἀλλὰ εὐλαβὴς μὲν τὰ πρὸς τὸ θεῖον, ὥσπερ Διογένης· ἐπείσθη* γοῦν ἐκεῖνος τῷ Πυθίῳ καὶ οὐ μετεμέλησεν αὐτῷ πεισθέντι· εἰ δέ, ὅτι μὴ προσῄει μηδὲ ἐθεράπευε τοὺς νεὼς μηδὲ τὰ ἀγάλματα μηδὲ τοὺς βωμούς, οἴεταί τις ἀθεότητος εἶναι σημεῖον, οὐκ ὀρθῶς νομίζει· ἦν γὰρ οὐδὲν αὐτῷ τῶν τοιούτων, οὐ λιβανωτός, οὐ σπονδή, οὐκ ἀργύριον, ὅθεν αὐτὰ πρίαιτο. εἰ δὲ ἐνόει περὶ θεῶν ὀρθῶς, ἤρκει τοῦτο μόνον· αὐτῇ γὰρ αὐτοὺς ἐθεράπευε τῇ ψυχῇ, διδούς, οἶμαι, τὰ τιμιώτατα τῶν ἑαυτοῦ, τὸ καθοσιῶσαι τὴν ἑαυτοῦ ψυχὴν διὰ τῶν ἐννοιῶν.

κατὰ τὸν Οἰν. nach der Art des Oinomaos *(vgl. T 38)* • ἀν|αιδής schamlos • ἀν|αίσχυντος unverschämt • ὁ ὑπερ|όπτης Verächter • εὐ|λαβής ehrfurchtsvoll • ὁ νεώς = ὁ ναός • ὁ λιβανωτός Weihrauch • ἡ σπονδή Trankopfer • ἐπριάμην *Aor. zu* ὠνέομαι kaufen • τίμιος wertvoll • καθ|οσιόω weihen • ἡ ἔν|νοια Vorstellung, Gedanke

* Julian bezieht sich hier darauf, daß Diogenes einem Strang der Überlieferung zufolge nach seiner Verbannung aus Sinope zunächst nach Delphi gekommen und dort den Orakelspruch erhalten haben soll, er solle „die Münze umprägen." (vgl. T 25)

12 Der Kyniker Salustios

(2. Hälfte d. 5. Jh. n. Chr.)

Der letzte namentlich bekannte Kyniker war ein Syrer namens Salustios. Damaskios, der letzte Schulleiter der Akademie, die im Jahre 529 nach rund 900jährigem Bestehen von dem Kaiser Justinian geschlossen wurde, und andere Mitglieder dieser Schule haben ihn in ihren Schriften charakterisiert. Von dorther stammen die kärglichen Informationen, die wir über ihn haben.

T 42 Φύσει μισοπόνηρος ἦν καὶ ὀχλολοίδορος καὶ πᾶσιν ἐπιτιθέμενος τοῖς ἁμαρτάνουσι, καὶ ὁπωσοῦν ἐκ πάσης προφάσεως ἐλέγχων ἑκάστους καὶ διακωμωδῶν· ἐνίοτε μὲν σπουδάζων, τὰ δὲ πολλὰ τῷ γελοίῳ χαίρων ἤθει καὶ φιλοσκώμμονι.

Er haßte von Natur aus alle Schlechtigkeit, schalt auf die Masse, griff alle, die sich auf Irrwegen befanden, an und wies die Leute einzeln bei jeder Gelegenheit auf jede mögliche Weise zurecht und machte sich über sie lustig, wobei er bisweilen einen großen Ernst an den Tag legte, zumeist aber an seiner spaßigen und spottlustigen Wesensart sein Vergnügen hatte.

T 43 ... τὸν ἐφ' ἡμῶν Σαλούστιον, ἄνθρακα πεπυρακτωμένον ἐπιθέντα γυμνῷ τῷ μηρῷ καὶ φυσῶντα αὐτὸν καὶ δοκιμάζοντα ἑαυτόν, μέχρι πόσου δύναται καρτερεῖν.

... unser Zeitgenosse Salustios, der sich glühende Kohle auf seinen nackten Schenkel legte, sie anblies und sich prüfte, wie lange er dies standhaft ertragen könne.

T 44 Παράδοξος ὁ τρόπος Σαλουστίου πᾶσιν ἀνθρώποις, τὰ μὲν φιλοσοφοῦντος ἐπὶ τὸ καρτερώτερον, τὰ δὲ παίζοντος ἐπὶ τὸ γελοιότερον· ἑκάτερον, οἶμαι, πέρα τοῦ μετρίου.

Befremdlich war der Charakter des Salustios für alle Menschen, da er sich einerseits als Philosoph um übergroße Standhaftigkeit bemühte, andererseits aber mit seinen Scherzen in übertriebene Witzelei verfiel - beides, wie ich glaube, über das gebührende Maß hinaus.

Die sog. „Griechische Aufklärung" - Quellennachweise

(D. = Hermann Diels. Die Fragmente der Vorsokratiker. 6. Auflage hrsg. von Walter Kranz. Berlin 1951/52. N. = Augustus Nauck. Tragicorum Graecorum Fragmenta. Leipzig ^{2}1899. Nachdruck Hildesheim 1964 mit einem Supplement von Bruno Snell.)

T 1: Antiphon fr. B 44 A (Z. 5–100) D.; **T 2:** Antiphon fr. B 44 B Col. 2 D.; **T 3:** Platon, Protagoras 337 c–e; **T 4:** Euripides, Ion 854–856; **T 5.1 bis 5.13:** Euripides, Alexandros fr. 54; 47; 51; 48; 49; 56; 58; 55; 61; 52; 53; 57; 60 N.; **T 6:** Sextus Empiricus. Adv. phys. I 49–60; **T 7.1 bis 7.8:** Xenophanes fr. B 11; 14; 15; 16; 23; 24; 25; 26 D.; **T 8:** Diogenes Laertios IX 51–53; 55 (= Protagoras fr. A 1 D.); **T 9:** Nach Δισσοὶ λόγοι 3. Diels Band 2, S. 410 f.; **T 10:** Gorgias fr. B 11 D.; **T 10a:** Gorgias fr. B 14 D.; **T 11a:** Prodikos fr. B 5 D.; **T 11b:** Demokrit fr. A 75 D.; **T 11c:** Demokrit fr. B 30 D.; **T 12a:** Demokrit fr. B 5 D.; **T 12b:** Platon, Protagoras 320 b bis 323 a.

Die Kyniker ... – Quellennachweise

(D.L. = Diogenes Laertios)

T 1: D.L. 6,11; **T 2:** D.L. 6,104; **T 3:** D.L. 6,5; **T 4 u. 5:** D.L. 6,13; **T 6:** 6,103; **T 7:** Aristot., Met. 1043b25–28; **T 8:** D.L. 6,11; **T 9:** D.L. 6,12; **T 10:** Philodem, De pietate 7; **T 11:** D.L. 6,3; **T 12:** Clem. Al., Stromateis II 20,107,2–3; **T 13:** D.L. 6,2; **T 14:** Stobaios, Florilegium 3,29,65; **T 15:** Xen., Symp. IV 34–43; **T 16:** D.L. 6,61; **T 17:** D.L. 6,45; **T 18 u. 19:** D.L. 6,60; **T 20:** Dio Chrys., or. 8,1; **T 21:** D.L. 6,22–23; **T 22:** D.L. 6,105; **T 23:** D.L. 6,44; **T 24:** D.L. 6,27–28; **T 25:** D.L. 6,20; **T 26:** D.L. 6,72–73; **T 27:** D.L. 6,63; **T 28:** D.L. 6,69; **T 29:** D.L. 6,23; **T 30:** D.L. 6,70–71; **T 31:** Crates fr. 10 Diels = fr. 1 Diehl = Nr. 359 Lloyd-Jones/Parsons; **T 31a:** Solon fr. 1,1–8 Diehl = fr. 13,1–8 West; **T 32:** Strabo 15,1,63–65 = FGrHist 134 F 17a; **T 33:** Teles fr. II pp. 5,2–8,6 Hense^{2} = Bion fr. 16A + 17 Kindstrand; **T 34:** Antipater von Thessalonike, AP XI 158; **T 35:** Epict., diss. 3,22,45–49; **T 36:** Dio Chrys., or. 8,4–8. 11–13. 15–16. 20–22. 26; **T 37:** Dio Chrys., or. 6,21–29; **T 38:** Euseb., PE V 34, 2–7; **T 39:** Gellius, NA 12,11,1–3; **T 40:** Lucian., Peregr. 1. 11–12. 17–18; **T 41:** Julian., or. 6,199AB; **T 42:** Suda s.v. Σαλούστιος, IV 316, 8–11 Adler; **T 42:** Simplicius, in Epict. Ench. p. 147 Schweigh.; **T 44:** Suda s.v. Σαλούστιος, IV 315, 13–15

Inhalt